Diogenes Taschenbuch 21227

de
te
be

Federico Fellini

»Warum machen Sie nicht mal eine schöne Liebesgeschichte?«

Ein intimes Gespräch mit Giovanni Grazzini
Aus dem Italienischen von Renate Heimbucher-Bengs

Diogenes

Titel der Originalausgabe:
›Federico Fellini
Intervista sul cinema
a cura di Giovanni Grazzini‹

Schutzumschlag: Giulietta Masina als ›Gelsomina‹
in ›La Strada‹ und Anna Magnani in ›Roma‹

Deutsche Erstausgabe

60/84/8/1
ISBN 3 257 21227 5

Du hast die Sechzig überschritten. Verdrießt dich das Älterwerden?

Tja, ich bin vierundsechzig. Ich sage mir das immer wieder, um mich davon zu überzeugen, und dann horche ich gewissermaßen mit gespitzten Ohren in mich hinein, um herauszufinden, was sich eigentlich geändert hat, was da wohl eingerostet ist, verbeult ist, was also einer mit sechzig denkt und empfindet. In meiner ersten Zeit in Rom wohnte ich in einer Pension und hatte als Zimmernachbarn einen römischen Angestellten so um die Vierzig, der sehr darauf bedacht war, jünger zu wirken – ständig saß er beim Friseur, legte sich Umschläge und Gesichtsmasken mit Tonerde auf, sonntags blieb er den ganzen Tag im Bett, und abends ging er mit zwei Scheiben rohem Fleisch schlafen, für jede Wange eine, festgehalten von zwei Gummibändern. Morgens sah ich oft, wie er im Schlafrock aus seinem Zimmer kam, die Tür hinter sich schloß und ein paar Minuten reglos mit der Hand auf der Klinke verharrte, um die Tür dann plötzlich wieder aufzureißen und den Kopf ins Zimmer zu stecken. Neugierig geworden, habe ich ihn eines Morgens gefragt, warum er das denn tue. Zuerst schien er keine rechte Lust zu haben, mir zu antworten, aber dann blickte er mir entschlossen in die Augen und sagte schließlich, daß er mit diesem plötzlichen Hineinstecken des Kopfs ins Zimmer, nachdem die Tür eine Weile geschlossen war, feststellen wolle, ob es darin nach Alter rieche. Er forderte mich auf, einen Test zu machen, und zog langsam die Türe zu: »Schnuppern Sie mal, riecht es nach Alter?«

Seit einiger Zeit kommt mir jedesmal, wenn ich mein Schlafzimmer verlasse, dieser Typ in den Sinn, und ein paarmal habe ich auch schon die Tür des Zimmers, das ich gerade verlassen hatte, mit einem Schlag wieder aufgerissen und mit leichtem Herzklopfen hineingeschnüffelt.

»Das Alter«, sagt Simone de Beauvoir, »packt einen ganz plötzlich.« Das ist sehr wahr. Noch vorgestern war ich in jeder Gruppe und Gesellschaft, in jeder Tischrunde der Jüngste. Wie zum Teufel konnte es geschehen, daß ich innerhalb von ein paar Stunden, einem Tag, meinetwegen auch einer Woche auf einmal der Älteste geworden bin? Und doch scheint mir, als hätte ich mich nicht im geringsten verändert. Allenfalls vielleicht ein bißchen Schlaflosigkeit, ein nachlassendes Gedächtnis, eine herabgesetzte Disponibilität, die mich veranlaßt, gegen fünf Uhr nachmittags die Orgien und Schlemmereien, die ich morgens geplant hatte, aus meinem Programm zu streichen.

Wenn ich als Regisseur einen Vierundsechzigjährigen möglichst lebensnah in Szene setzen müßte, würde ich dem Schauspieler raten, leicht gebeugt zu gehen, hin und wieder zu husten, mit blinzelnden Augen zu schauen und beim Zuhören die zitternde Hand hinters Ohr zu halten – so, wie Flaiano und ich es vor dreißig Jahren gemacht haben, wenn wir herumalberten und so taten, als wären wir steinalt und im Altersheim untergebracht: »Schwester!« rief Flaiano, mühsam daherschlurfend, »ich hab in die Hose gekackt!« Ich spielte die Rolle einer deutschen Schwester, die wutentbrannt mit Bürste und Wassereimer angerannt kam und ihn abschrubbte, als sei er ein schmutziger kleiner Elefant. In einer anderen Szene spielten wir zwei alte Männer, die im Park Mädchen beobachten und sich dabei vor Vergnügen besabbern, aber gar nicht mehr wissen, was man mit Mädchen eigentlich so macht. Pinelli, der uns zusah, lachte – allerdings nicht übermäßig, er war nämlich etwas älter als wir.

Aber warum haben wir eigentlich mit dieser Frage angefangen?

In dieser Buchreihe sind bisher Interviews mit Politikern, Schriftstellern, Philosophen, Wissenschaftlern erschienen. Du bist der erste vom Film; wie fühlst du dich in dieser Gesellschaft?

Ein wenig fremd. Ein bißchen skeptisch, nicht so recht überzeugt, auch wenn es so aussieht, als heuchelte ich Bescheidenheit. Ich glaube nicht, daß ich heute sehr viel anders bin als mit siebzehn, als ich mit teilnehmender, aber unverantwortlicher Neugierde in den Tag hineinlebte und eine vielleicht ernstere und engagiertere Einstellung immer wieder auf morgen verschob. Das Gefühl, mit dem ich in der Schule begierig auf das Klingelzeichen wartete, das das Ende des Unterrichts verkündete, ist immer noch beschämend lebendig in mir; dabei folgte ich dem Unterricht bisweilen sogar mit Vergnügen – doch wer wußte, was sich gerade auf der Piazza tat oder drunten auf der Mole oder auf dem Fischmarkt oder am Fluß? Ich malte mir immer aus, daß wer weiß was für faszinierende Dinge geschehen müßten, wenn ich nicht da war, außergewöhnliche Begegnungen, Geschichten, Leute... Und auch jetzt, mein lieber Grazzini, wo ich mit dir zusammensitze, denke ich unwillkürlich, daß gerade in diesem Augenblick wer weiß was für eine fabelhafte Frau die Piazza di San Silvestre überquert – warum gehen wir nicht einfach nachschauen, statt dieses Interview zu machen? Was für einen Sinn hat denn dieses durch und durch abgekartete Ritual von Fragen und Antworten?

Eine bessere Methode, im Hinterstübchen von Künstlern herumzuspionieren, ist leider noch nicht erfunden worden, und in deinem zu stöbern, wird man nie müde...

Ich merke, daß ich auf jede deiner Fragen eine halbe Stunde lang drauflosschwatze, also wird das, was ich jetzt sage, widersprüchlich scheinen. In Wirklichkeit weiß ich nämlich nie, was ich antworten soll, weil ich gar nicht weiß, wer der, an den du deine Fragen richtest, eigentlich ist. Ich will damit sagen, daß ein Interview deshalb so verwirrend und schizophren ist, weil der Interviewte bereit sein muß, sich für einen anderen zu halten, einen, der Bescheid weiß, der bestimmte Grundvorstellungen, eine Weltanschauung hat und seine Meinung zum Leben, zur Religion, zur Politik, zur Liebe, zu allem und jedem darlegt.

Ich habe keine Grundvorstellungen und glaube, ich komme ganz gut ohne sie aus. Bei einem Interview, das mich ja auf eine bestimmte Meinung festnageln will, ist mir daher immer sehr unbehaglich zumute. Mir scheint, daß man mit den Jahren immer weniger darauf angewiesen ist, zu begreifen – ich meine begreifen im Sinn einer Rationalisierung der Beziehung zur Wirklichkeit. Für mich jedenfalls trifft das zu. Ich will keine Ordnung in die Welt bringen, und das wenige, das ich zu sagen habe – wenn ich überhaupt Lust habe, es zu sagen –, versuche ich in meinen Filmen auszudrücken, denn filmen macht mir unheimlich Spaß. Du wirst schon sehen, dieses Interview wird eine Qual. Auf viele Fragen werde ich einfach nicht antworten, anderen werde ich mit meinen üblichen, mehr oder minder frei erfundenen Anekdoten ausweichen, und wenn du dann dein Buch beieinander hast, werde ich alles noch einmal durchlesen, daran herumkorrigieren, die Veröffentlichung verhindern wollen, Fragen und Antworten streichen und versuchen, alles neu zu schreiben. Eine unerquickliche Zeit steht uns bevor, Enttäuschungen, Wutausbrüche, Rechtsanwälte; vielleicht werden wir uns nicht einmal mehr grüßen. Aber machen wir ruhig weiter.

Auf deinem Schreibtisch zähle ich 129 Kugelschreiber, 21 Bleistifte und 18 andere Schreibwerkzeuge. Ein bißchen viel, scheint mir...

Wenn ich mit einem neuen Film anfange, verbringe ich die meiste Zeit am Schreibtisch und tue nichts anderes, als Ärsche und Titten hinzukritzeln. Das ist meine Art und Weise, einem Film auf die Schliche zu kommen, ihn mit Hilfe dieser Schnörkel allmählich zu dechiffrieren. Eine Art Ariadnefaden, um den Weg aus dem Labyrinth zu finden.

A propos: vor kurzem ist ein Buch mit Zeichnungen von dir erschienen. Eine Sammlung hübscher Zeichnungen – vor allem aber hat man dabei den Eindruck, in einem ›Familienalbum‹ deiner Filme zu blättern. Da ist wohl einer ins Hinterzimmer von Mangiafuoco eingedrungen und hat sämtliche Marionetten herausgelassen?

Ich weiß auch nicht recht, wo die ganzen Krakeleien plötzlich hergekommen sind. Damit will ich nicht sagen, daß sie mir unbekannt wären; sie stammen von mir, es sind genau die, die ich in der Vorbereitungsphase meiner Filme aufs Papier werfe. Das ist so etwas wie eine Manie von mir, ich mache solche Kritzeleien schon immer, schon als ich noch ganz klein war, schmierte ich stundenlang mit Bleistiften, Kreiden und Farben auf jeder weißen Fläche herum, die mir in den Weg kam – auf Zettel, Wänden, Papierservietten, Tischtüchern in Restaurants. Sogar auf dem Führerschein in meiner Tasche wimmelt es von winzigen Zeichnungen. Bei den kleinen

Zeichnungen, die ich vor jedem Film mache, handelt es sich, meine ich, einfach um eine Art und Weise, sich etwas zu notieren, Ideen dingfest zu machen; der eine wirft hastig ein paar Worte, eine Empfindung aufs Papier, und ich zeichne eben, entwerfe die Züge eines Gesichts, Einzelheiten eines Gewands, die Körperhaltungen einer Person, ihren Ausdruck, gewisse anatomische Eigenheiten. Das ist meine Art, mich an den Film, den ich gerade mache, heranzupirschen, dahinterzukommen, was es mit ihm auf sich hat, und ihm verstohlen ins Gesicht zu blicken. Später geraten diese Skizzen, diese kleinen Notizen dann auch in die Hände meiner Mitarbeiter; Bühnenmeister, Kostümbildner, Schminkmeister benutzen sie als eine Art Richtlinie, an die sie sich bei ihrer Arbeit halten können, und auf diese Weise machen auch sie sich allmählich mit dem Wesen der Geschichte, ihrer Eigenart und ihren Eigenheiten vertraut. So kommt es, daß der Film in diesen Entwürfen eine Antizipation erfährt und etwas wie ein bruchstückhaftes Spiegelbild erhält.

Ein Schweizer Verleger, mit dem ich befreundet bin, hat eines Tages gesagt, daß ihm die Zeichnungen gefielen, und daß er gerne ein Buch draus machen würde. Und ich muß sagen, als er mir den Band dann vorlegte, war selbst ich beeindruckt; denn mal abgesehen von der Autorität, die ihnen der Vorgang des Druckens verleiht, und der jedem Buch eigenen Würde, abgesehen auch von der eleganten Gestaltung und dem satinierten Papier, die alle zusammen einen Rahmen bilden, der in sonst unvorstellbarer Weise die Aufmerksamkeit auf sich zieht, fand ich meine Zeichnungen, wie ich sie da alle zusammen wiedersah, zu meinem Erstaunen wenn nicht schön, so doch lustig und ehrlich: kleine Embleme, die auf geheimnisvolle Weise die Intentionen, den Stil des Films wiedergeben, auf den sie bezogen waren.

Laterza wollte sogar noch weiter gehen und diese improvisierte Gelegenheitssammlung vervollständigen, ihr eine organischere und eher dokumentarische Gestalt geben, wie es, glaube ich, dem Geist dieses Verlagshauses entspricht; und es ist ihm gelungen, bei allen möglichen Leuten solche kleinen Zeichnungen von mir aufzutreiben, bei Freunden, Bekannten, Mitarbeitern. Einen ganzen Haufen hingekritzelter kleiner Figuren, Karikaturen, Notizen und witziger Zeichnungen, von denen ich, der ich nichts aufhebe, oft nicht einmal mehr weiß, daß ich sie gemacht habe.

Gut, nun wollen wir, ausgehend von deinen Zeichnungen, kurz zu deiner Autobiographie kommen. Meinst du, daß das Zeichnen humoristischer Vignetten der Ausgangspunkt deiner Karriere als Künstler und Filmemacher war? Gibt es einen roten Faden, der sich durch deine Geschichte zieht? Versuchen wir doch einmal gemeinsam, ihm nachzugehen, und beginnen wir mit dem 20. Januar 1920, an dem du in Rimini als Steinbock zur Welt kamst. Glaubst du sehr an die Astrologie?

Mir gefällt es, an alles zu glauben, was die Phantasie anregt und mir ein faszinierenderes oder jedenfalls meiner Einstellung zum Leben näherliegendes Bild von der Welt und vom Leben zu bieten hat. Die Astrologie ist ein sehr verführerischer Versuch, den Sinn der Dinge, ihr Wie und Warum zu interpretieren, und wenn sich einer in diesem System, das im Grunde genommen auch seine Rationalität besitzt, geborgen fühlt, wozu soll man ihn dann frustrieren und ihm sagen, daß es sich um lächerliche Ammenmärchen handelt und daß es heute unmöglich ist, an solche Dummheiten zu glauben?

Ich habe nicht den Eindruck, daß wir uns innerlich sehr geändert haben; im Grunde genommen träumen wir immer noch das gleiche wie die Menschen vor drei- oder viertausend Jahren, und unsere Lebensängste sind die gleichen wie eh und je. Mir gefällt es, Angst zu haben, es ist ein köstliches Gefühl, das ein subtiles Vergnügen schafft. Mich hat schon immer alles angezogen, was mir Angst macht. Ich glaube, Angst ist ein gesundes, unentbehrliches Gefühl, wenn man sein Leben genießen will. Seine Angst loswerden zu wollen, halte ich für absurd und gefährlich. Nur Verrückte haben keine Angst, oder die Supermänner und Superhelden aus den Comic strips. Im Gymnasium hatte ich eine instinktive Antipathie gegen Achilles, denn wie konnte einer so unmenschlich sein und vor nichts und niemandem Angst haben? Ich will damit nicht sagen, daß ich das Horoskop von ›Novella 2000‹ lese, um zu erfahren, wem ich am Nachmittag begegnen werde, oder daß ich – nach dem ›Buch der Wandlungen‹ – Münzen in die Luft werfe, um zu entscheiden, welche Krawatte ich morgens umbinden soll. Tatsache aber ist, daß mir alles, was ich nicht kenne, ein stärkeres Gefühl der Geborgenheit gibt und daß ich mich in ungewissen, vagen Situationen, im Halbdunkel gewissermaßen, einfach wohler fühle. Und ich glaube, daß ich es dieser Veranlagung zu verdanken habe, wenn manchmal das Unerwartete, das Unerhörte, das Wunderbare oder, bescheidener ausgedrückt, das Extravagante an der nächsten Ecke auf mich wartet. So habe ich meine astrologische Phase gehabt, eine okkultistische, eine spiritistische, und weil wir gerade beim Thema sind, kann ich ja auch gleich noch erzählen, daß ich während der Vorbereitungsarbeiten zu ›Julia und die Geister‹ Medien und Sensitive kennengelernt und besucht habe, die so außergewöhnliche Gaben besaßen, daß sogar manche meiner Freunde eines besseren belehrt wurden, die mich in ihrer Aufgeblasenheit und Großspurigkeit und mit ihren unumstößlichen Gewißheiten oft ausgelacht hatten wegen meiner Begeisterung für alles, was subtilere Realitäten ans Licht bringt.

Übrigens kann ich bezeugen, daß ich selbst auch schon mit

unerklärlichen Begebenheiten zu tun hatte. In meiner Kindheit gab es eine Zeit, wo ich plötzlich die farbliche Entsprechung von Tönen visuell wahrnehmen konnte: Brüllte ein Ochse im Stall meiner Großmutter, dann sah ich einen riesigen, rötlich-braunen Teppich, der vor mir in der Luft waberte; er kam näher, schrumpfte zusammen, wurde zu einem dünnen Streifen und schlüpfte schließlich in mein rechtes Ohr. Drei Glockenschläge vom Campanile? Schon lösten sich dort oben aus dem Inneren der Glocke drei silbrige Scheiben, senkten sich flimmernd auf meine Augenbrauen herab und verschwanden in meinem Kopf. Eine gute Stunde könnte ich so weitererzählen: du kannst es mir glauben. Und wie viele Fälle von ›Synchronizität‹ begegnen mir immer wieder auch heute noch!

Wenn ich nicht irre, war es Jung, der von ›Synchronizität‹ sprach und sich dabei nicht nur auf zeitlich übereinstimmende Begebenheiten bezog, sondern auf ein mysteriöseres, unerklärlicheres Phänomen.

Wenn ich mir einen Hinweis auf das erlauben darf, was Jung unter Synchronizität versteht, so scheint mir, daß er mit diesem Begriff die Koinzidenz äußerer Ereignisse mit anderen, inneren Geschehnissen meint, die im Licht der Logik in keinem ursächlichen Zusammenhang miteinander stehen. Aber gerade weil sie völlig getrennt voneinander ablaufen, kommt dieser Koinzidenz eine tiefe Bedeutung zu. Doch ich habe mich vielleicht nicht gut ausgedrückt. Sagen will ich jedenfalls, daß uns Jung mit den Ausführungen über seine intuitive Erkenntnis zu verstehen geben wollte, daß es möglich ist, zu einem tieferen Verständnis der Beziehungen zu gelangen, die zwischen der Welt der Psyche und der Welt der Materie bestehen. Wir sind jedoch gegenüber allem, was uns außerhalb der Kontrolle der Sinne und der Vernunft zu liegen scheint, derart achtlos und mißtrauisch, daß all die Hinweise, die aus dem Inneren kommen, all die Informationen, Mahnungen und Ratschläge, wie sie uns nicht einmal der intelligenteste und liebevollste Freund geben könnte, völlig unbemerkt an uns vorübergehen; wir horchen nicht auf sie und werden dabei immer tauber, blinder, dümmer, bis wir zuletzt gar keine mehr bekommen.

Als ich Freddie Jones für die Hauptrolle in meinem letzten Film wählte, habe ich mich auf genau so ein Erlebnis eingelassen. Ich war voller Zweifel, musterte ihn von allen Seiten – von vorne, im Profil, als Brustbild – und konnte mich einfach nicht davon überzeugen, daß dieser rothaarige, rothäutige, dieser überall rote englische Schauspieler meinen Orlando, den sympathischen und lustigen italienischen Journalisten würde verkörpern können. Ich hatte Hunderte von Photographien und zwei lange Probeaufnahmen von ihm gemacht, und als ich nun mit ihm im Auto zum Flughafen zurückfuhr und er selig lächelnd neben mir döste, fixierte ich ihn beinahe mit Haß. »Nein, du kannst nicht mein Orlando sein«, dachte ich, und nie war mir ein Gesicht fremder und unbekannter vorgekommen. »Wer bist du überhaupt«, murmelte ich voller Zorn, und genau in dem Augenblick, als mir diese Frage über die Lippen kam, sah ich durch die Scheiben des fahrenden Wagens gerade hinter dem Profil von Freddie Jones in riesengroßer Schrift das Wort ›Orlando‹ vorüberziehen, das auf einem zwanzig Meter langen Werbeplakat stand. Da gab ich mich sofort geschlagen und habe jeden Zweifel in mir unterdrückt. Der Mann war engagiert. Hast du ihn gesehen im Film? Ich finde, er ist einfach perfekt in dieser Rolle. Freddie Jones ist vielleicht ein bißchen gekränkt, wenn er erfährt, daß ich ihn nicht so sehr wegen seines Könnens genommen habe, sondern wegen der Reklame, die eine Süßwarenfabrik in so auffälliger Weise für ein Eis namens ›Orlando‹ macht. Aber so war es. Die Wege des Herrn ...

Auch was dieses Interview betrifft, das wir gerade machen, habe ich so einen Hinweis erhalten, der hoffentlich nicht zu dieser Art von Synchronizitäts-Erfahrungen gehört. Soll ich's dir verraten? Also gut – ich sitze in meinem Büro und warte auf dich, damit wir mit unserer Plauderei anfangen können. Wozu, frage ich mich gerade, soll ich jetzt das x-te Interview machen, wo doch eben erst ein Buch erschienen ist, das nur zu viele davon enthält? Ich bin unentschlossen, mißlaunig. Soll ich es nicht lieber bleiben lassen? Und gerade, als mir dieser Gedanke durch den Kopf geht, fällt mein Blick auf die Zeitung, die ich auf dem Sessel liegen gelassen hatte; und da steht über sechs Spalten die Überschrift ›ERRORE FATALE‹ – fataler Irrtum –. So steht es wirklich da, eindeutig. Eine Mißdeutung, oder besser ein Doppelsinn, ist aber vielleicht doch möglich, wie bei allen Orakelsprüchen: Besteht der fatale Irrtum nun darin, das Interview zu machen, oder darin, es nicht zu machen?

Fühlst du dich sehr romagnolisch?

Ich bin doch nur ein halber Romagnole. Die Familie meiner Mutter stammt aus Rom, seit vielen, vielen Generationen. Ein Vetter von mir, der sich aus Liebhaberei mit Genealogie befaßt, hat herausgefunden, daß die frühesten Angaben über die Barbianis – das ist der Familienname meiner Mutter – auf das Jahr 1400 zurückgehen und daß es am Hofe Papst Martins V. einen Barbiani gab. Er fiel ein bißchen aus der Rolle, wurde in einen Giftmordprozeß verwickelt und ins Gefängnis geworfen, wo er etwa dreißig Jahre lang saß und Mäuse und Frösche zähmte. Ein bißchen von meiner Begabung zum Regisseur könnte vielleicht von diesem fernen Vorfahren stammen, wer weiß.

Ich bin also zur Hälfte Römer, und als ich 1938 endgültig nach Rom umzog, gefiel es mir dort tatsächlich gleich besser als zu Hause. Und worin besteht nun der romagnolische Teil von mir? Herkömmlich gilt der Romagnole ja als extrovertiert, sinnlich, großzügig, sehr gesellig, als einer, der gutes Essen schätzt, gerne in geselliger Runde diskutiert, sich mit Haut und Haar der Politik verschreibt, als Gotteslästerer, der sich zum Atheismus bekennt, Frau und Töchter aber in die Kirche schickt, denn jemand aus der Familie soll dann doch eine Beziehung zu diesem Nichtsnutz von Gottvater haben... Derlei sympathische Vorzüge und Mängel kann ich, wie ich glaube, nicht beispielhaft vorweisen. Besonders was die Leidenschaft für Politik betrifft, bin ich wohl eher Eskimo als Romagnole.

Wie ist es nur möglich, daß du dich nicht für Politik interessierst?

Ich bin eben kein *homo politicus* und bin es nie gewesen. Politik und Sport lassen mich völlig kalt, unberührt, teilnahmslos, und wenn ich mal Zug fahre oder irgendwelche Leute besuche, dann ist mein Gesprächsstoff gleich Null.

Ich will mich dieses chronischen Desinteresses an der Politik, das mich dauernd in Verlegenheit bringt, wahrhaftig nicht rühmen. Meine Freunde, die Gesellschaft, auch meine Empörung drängen mich eigentlich oft zu entschiedenen ideologischen Positionen, zu einer mehr voluntaristisch geprägten Einstellung, wenn es darum geht, eine Veränderung mit in Gang zu setzen, die Trägheit zu überwinden und diese festgefahrene Maschinerie wieder in Schwung zu bringen, zwischen deren Mechanismen ich recht oder schlecht leben und arbeiten muß und die ich mir deshalb auch reibungsloser, funktionsfähiger, gerechter und menschenwürdiger wünschte. Aber wenn das Ganze dann auf eine Aktion, eine operative Praxis hinauszulaufen droht, auf Mitgliedschaft in Gruppen, auf Diskussionen, Demonstrationen, Appelle, Konfrontationen, dann genügt der bloße Verdacht, ich könnte in diese kleinkarierte Welt der Debatten und Versammlungen, in den kumpelhaften Aktionismus, diese Mischung aus Berufung und Freizeitbeschäftigung hineingezogen werden, von der die Verwaltung der »causa publica« ja immer geprägt ist, um mich in einen Freiraum zurückzutreiben, der vielleicht unverantwortlich und infantil ist, wo ich mich aber – froh, der Gefahr entronnen zu sein – mit dem einzigen beschäftigen kann, was mich interessiert, nämlich Filme zu machen. Ich gebe zu, dieses Verhalten mag neurotisch sein, eine Weigerung, erwachsen zu werden, die zum Teil vielleicht davon herrührt, daß ich während des Faschismus erzogen worden bin und mithin nie gelernt habe, in anderer Form als der von Demonstrationen und Umzügen persönlichen Anteil an der Politik zu nehmen; und daß ich mir die ganze Zeit die Überzeugung bewahrt habe, Politik sei Sache der ›Großen‹ und werde von Männern gemacht, denen – wie es in den Geschichtsbüchern hieß – das Schicksal des Vaterlands, das Wohl der Menschheit am Herzen liege. Diese Männer konnten das etwas komödiantenhafte Gebaren Mussolinis oder den finsteren Ernst eines Giolitti haben, wie er von Galantara dargestellt worden ist, sie konnten sich aber auch auf noch klassischere, gewissermaßen zu Marmor erstarrte Vorbilder wie Crispi, Rattazzi, Minghetti, Ricasoli, den eisernen Baron beziehen, die immer dargestellt werden, wie sie gerade im Parlamentssaal stehen und vor ihren ernsten, bärtigen Kollegen im schwarzen Gehrock eine Rede halten.

Meine Grenzen, die ich bis heute nicht überwinden kann, liegen vielleicht genau darin, daß ich in der Zeit des Heranwachsens die wahre Bedeutung der Demokratie nie hautnah erfahren konnte. Höchstens die, wie sie mir im Griechisch- und Philosophieunterricht beigebracht worden ist anhand von Beispielen, die so fern liegen, daß sie wie Utopien anmuten – die Polis, die Volksregierung, Athen, der Staatsbürger mit seinen Rechten und Pflichten, Platon, Perikles, Sokrates und die Mäeutik. Aber die Demokratie, so wie wir sie hätten leben können oder wie man sie aus den amerikanischen Filmen erahnen konnte, mit dem Sheriff, der das Gesetz verteidigt, und all den Freiwilligen, die schnell zum Hilfssheriff ernannt wurden und sich aufs Pferd schwangen, um die Gangster zu verfolgen; oder wie sie sich in den großen Städten mit ihren Wolkenkratzern offenbarte, wo die Leute aus den Büros strömten, Unmassen von Leuten, die alle Arbeit, Würde und Wohlstand besaßen und eine Freiheit, in der sie sich mit unverschämtem Optimismus ihre Existenz aufbauen konnten; dieser ganze angelsächsische *democracy*-Mythos, den der Säugling schon mit der Muttermilch einsaugt, damit er lernt, eine Mehrheitsentscheidung wenn nicht zu teilen, so doch zu respektieren, weil er es selbst in der Hand hat, seinerseits Mehrheit zu werden und den Lauf der Geschichte zu verändern – diese ganze Lektion in Staatsbürgerbewußtsein hat bei uns wohl gefehlt, sie war einfach nicht Bestandteil unserer Kultur. So sind wir irgendwie bei der Überzeugung geblieben, daß es immer die anderen sind, die Politik machen, diejenigen, die das Zeug dazu haben.

Auch als die Dinge dann eine andere Wendung genommen hatten und es zum Krieg und zum Untergang des Regimes kam und eine neue Zeit eingeleitet, ein neuer Staat errichtet wurde, mit dem wir uns endlich unter die zivilisierteren, fortschrittlicheren, bedeutenderen Länder einzureihen schienen – auch da kam die Demokratie lediglich wie ein berauschendes Wort, eine unverhoffte Befreiung aus einem individuellen Zustand der Untertänigkeit über uns, mit dem wir aber so lange, Jahrhunderte lang, gelebt hatten, daß er gleichsam zu einer biologischen Gegebenheit, einer somatischen Eigenschaft, einer funktionellen Deformation geworden war, die schwer zu beheben oder zu verhehlen war. An dieser ganzen Konfusion, in der ich gelebt habe und von der ich dir genau so konfus erzählt habe, mag es also liegen, aber ich gebe diese Grenzen, die mir da gesetzt sind, ohne Selbstgefälligkeit zu und gestehe, daß ich noch heute den Eindruck habe, andere Leute seien dazu berufen, den Staat zu führen, Entscheidungen zu treffen und in pragmatischer Weise jene Dimension des täglichen Lebens, des Nebensächlichen, des rasch Vergänglichen auch zuweilen, zu verwalten, für die ich völlig unbegabt, organisch ungeeignet bin. Wenn man gewisse Bestimmungen und Neigungen anerkennen muß, dann glaube ich auch verstehen zu können, daß ein zum Ausdruck berufener Künstler sich auf einem ganz anderen Terrain bewegt, das manchmal eben gerade das des Unwandelbaren ist oder zumindest einer Sphäre angehört, die Veränderungen, heftigen Umwälzungen weniger ausgesetzt ist, weil sie eher dem Geistigen, der Erkenntnis, mehr der Darstellung des Inneren als der des Äußerlichen zuzurechnen ist. In jener kleinen orientalischen Fabel vom Zauberlehrling besteht das Buch der Weisheit, zu dem jener nach langer Askese findet, aus Blättern, die lauter Spiegel sind – die einzige Möglichkeit der Erkenntnis ist also Selbsterkenntnis. Ob dies für jemanden von Nutzen sein kann, der sich tagtäglich mit all den praktischen Problemen auseinandersetzen muß, die sich aus der Verwaltung der Gesellschaft ergeben – Vermittlungsversuche, Ausgewogenheit, Zeitdruck, Terminzwänge, Abstimmungen, Konsens –, das weiß ich nicht.

Aber warum hegst du gegen den Sport die gleiche eingewurzelte Abneigung wie gegen die Politik?

Mir ist klar, daß ich in einem Land wie Italien Gefahr laufe, mich unbeliebt zu machen, wenn ich sage, daß ich noch nie ein Fußballspiel gesehen habe; und doch ist es so, Sport hat mich nie interessiert. Und wenn ich zufällig in irgendeinen Wettkampf geraten bin – Basketball, Wasserski, Marathonlauf –, habe ich mich immer gelangweilt. Als kleiner Bub habe ich manchmal auf dem Tennisplatz des Grandhotels von Rimini den Balljungen gemacht, aber es ist mir ein Geheimnis geblieben, wie zwei Herren in Unterhosen ihren Spaß daran haben konnten, den Ball stundenlang von einer Seite auf die andere zu schlagen. Einmal habe ich als Reporter für den ›Corriere Padano‹ beim Giro d'Italia zugeschaut, aber ich erinnere mich nur noch an die schreckliche Anstrengung der Radfahrer, an brutale Schlägereien und entsetzliche Stürze. Nach zwei Reportagen gab ich's wieder auf, oder besser gesagt, der Chef nahm einen anderen, weil ich die Namen verwechselte und auch nicht über diesen heroischen, teilnehmenden, erregten Tonfall verfügte.

Griechisch-römisches Ringen sah ich mir vielleicht mit etwas mehr Interesse an. Wahrscheinlich weil ich einen Komplex wegen meiner knochigen Magerkeit hatte, beneidete ich diese muskelstrotzenden jungen Burschen, die sich beinahe nackt vor allen Leuten sehen lassen konnten. Alle Arten von Wettkampf und Wettstreit lassen mich nicht nur völlig gleichgültig, ich lehne sie sogar ab. Natürlich fühle ich mich im Grunde genommen mit dem Verlierer heimlich solidarisch, und Situationen, wo die einen den anderen gegenübertreten, um festzustellen, wer der Stärkere, Gewandtere, Beherztere und noch dazu Schönere ist, haben in mir schon immer ein Gefühl der Befremdung, der Ablehnung und der Rebellion hervorgerufen.

Aber die Mille Miglia! Ja, an die erinnere ich mich gern. Das war ein wichtiges Ereignis, genauso wie Weihnachten, die Gründung Roms, der Blumenkorso und das Feuerwerk, alles außerordentliche, mit Ungeduld erwartete, magische Begebnisse, die dem Jahr Glanzpunkte aufsetzten. Auch die Segnung der Tiere in der kleinen, dem heiligen Antonius von Padua geweihten Kirche war ein erhebendes Fest. Unter Eselsgeschrei, Kläffen, Grunzen und Gackern verlangte ein kraftstrotzender, feister Mönch von den Hühnern, Truthähnen, Gänsen und Schweinen, sich während des Gottesdiensts ruhig zu verhalten, sonst werde er sie nicht segnen. Er hielt den Eseln seine riesigen, geballten Fäuste vors Maul, drohte ihnen Schreckliches an: »Einen Schlag auf den Schädel kriegst du, kein Weihwasser!« – Ich schweife ab, ich weiß, aber das liegt daran, daß ich nicht weiß, was ich über Sport sagen soll.

Du warst gerade bei den Mille Miglia ...

Ah ja ... die Vorbereitungen für die Durchfahrt der Mille Miglia begannen schon zwei Tage vorher. Auf den Plätzen am Anfang und Ende des Korsos wurden alle Verkaufsstände weggeräumt, die Geschäfte wurden geschlossen, wer Fenster und Balkone hatte, vermietete sie für teures Geld, und die ärmeren Leute suchten sich, keine Gefahr scheuend, einen Platz auf den Dächern. Motorrad- und Fahrradstaffetten wurden losgeschickt, bis zu zehn Kilometer vor die Stadt, mitten aufs Land. Nachmittags am Tag des Rennens war schon fünf oder sechs Stunden vorher kein Mensch mehr auf der Straße. Alle standen unter den Bogengängen oder an den Fenstern, wie in Theaterlogen – der Bürgermeister, der Conte, die Frau des Federale [entspricht dem deutschen Gauleiter – A. d. Ü.] –, und fixierten mit ihren Ferngläsern den Augustusbogen am Ende des Korso, wo das erste Auto auftauchen würde. Viele schwenkten Fahnen, andere winkten mit Decken, und man warf sich von einem Fenster zum gegenüberliegenden getrocknete Feigen zu. Radio gab es damals noch nicht. Niemand wußte, wie das Rennen gerade stand. Allenfalls hatte man von jemandem, der ein Telephon besaß, erfahren, daß sie vor einer Stunde durch Parma gekommen waren, und so konnte man sich ausrechnen, daß etwa in fünfzig bis siebzig Minuten der erste Renner über den Korso schießen würde, der ganz sauber und leer war bis auf den üblichen Spinner, der wie ein Känguruh hüpfend die Straße hinunter lief und mit dem Mund das Auspuffgeräusch eines Bugatti nachahmte. Gewöhnlich dämmerte es bereits, wenn dann ein Motorradfahrer mit seiner Hupe ankündete, daß das erste Auto gleich kommen würde. Aus allen Fenstern tönte lautes Geschrei: »Das ist Bordino! Nein, Campari! Ach was, es ist Brilliperi, er hat mich erkannt, er hat mir zugenickt!« Dann gab es noch so einen Wahnsinnigen, der, sobald er ein Auto auftauchen sah, auf seinem klapprigen Moped im vierten Gang losfuhr und den verzweifelten Versuch unternahm, für ein paar Sekunden neben dem dröhnenden Rennwagen herzufahren, einen Topf in der Hand, den er dem Rennfahrer um jeden Preis hinüberreichen wollte: »Die Passatelli! Die hat meine Mamma gemacht, die werden dir gut tun!« Er wurde regelmäßig verhaftet, und seine Suppe konnte er dann selbst essen, bei der Polizei, vielleicht zusammen mit dem Hauptwachtmeister. Dann kam die Dunkelheit, es gab ein kaltes Abendessen am Fenster, man fing an zu knutschen, irgend jemand sang, und so ging es die ganze Nacht weiter, mit dem schrecklichen Getöse und dem plötzlich auftauchenden Scheinwerferlicht der Autos, die sofort wieder von der Dunkelheit verschluckt wurden. Beim Morgengrauen schliefen die ganz Hartnäckigen mit dem Kopf auf der Fensterbank und rissen verstört die Augen auf, wenn eins der immer spärlicher kommenden Autos vorüber raste. »Wer war das?« Die Antworten wurden allmählich immer unanständiger, und gegen sieben Uhr morgens war dann alles zu Ende.

Warst du gut in der Schule?

An den Kindergarten und die Grundschule erinnere ich mich überhaupt nicht. Oder doch, an die Laienschwester im Kindergarten der Vinzentinerinnen – das sind die mit den großen Flügelhauben. Sie war kahlgeschoren wie die Zuchthäusler auf den Witzzeichnungen, und ihr Gesicht war vom heftigen Blutandrang immer rot. Wie alt das dralle Mädchen war, wüßte ich nicht zu sagen, wohl um die fünfzehn oder zwanzig. Ich erinnere mich nur, daß sie mich hin und wieder umarmte und drückte, sich an mir rieb, umgeben vom Geruch von Kartoffelschalen, dem Gestank ranziger Fleischbrühe und jenem typischen Duft, den die Nonnengewänder haben. Eines Tages, als sie mich wie einen kleinen Pinocchio an ihrem großen, kräftigen, warmen Leib hin- und herschüttelte, habe ich ein Verlangen, ein Kitzeln, ein Kribbeln in der Nasenspitze gespürt, das ich nicht zu deuten wußte, das aber so lustvoll war, daß mir beinahe die Sinne schwanden. Ich glaube, daß dies meine erste starke sexuelle Erregung war, denn noch heute wird mir beim Geruch von Kartoffelschalen ein wenig schwach.

In der Grundschule hatten wir einen Lehrer namens Giovannini. An Weihnachten oder Ostern verschwand er nach und nach hinter einem Berg von Geschenken, die wir wie ein erobertes und unterworfenes Volk mit kriecherischem Lächeln und einem Kniefall vor das Katheder schleppten. Wir hörten nur noch seine Stimme, die hinter dieser Mauer aus kiloschweren Käsestücken, Körben voller Hühner, Kisten mit Wein, Enten und Truthähnen begraben war. Einmal kam Stacchiotti, ein Sitzenbleiber, der mit sechzehn noch in die dritte Klasse ging, mit einem lebenden Ferkel ins Klassenzimmer, und in dem Jahr ist er dann versetzt worden. Ich glaube, daß auch ich vor allem dank des vorzüglichen Parmesans, den mir mein Vater vor den Festtagen für den Lehrer mitgab, von einer Klasse in die nächste aufgerückt bin.

Über die Zeit im Gymnasium und Lyzeum habe ich schon in ›Amarcord‹ erzählt, und in diesem Film sieht man, daß ich in der Schule zwar wenig gelernt, mich aber dafür bestens amüsiert habe. Mehr als Griechisch, Latein, Mathematik und Chemie, wo ich mir nie etwas merken konnte, nicht einmal einen Vers, einen Satz, eine Zahl, eine Formel, habe ich in der Schule vielleicht gelernt, meinen Beobachtungssinn zu entwickeln, der still verstreichenden Zeit zu lauschen, ferne Geräusche und die Gerüche, die aus dem Fenster gegenüber kamen, zu erkennen – beinahe wie ein Gefangener, der genau weiß, wie lange das sonnige Dreieck in seiner Zelle braucht, bis es die Pritsche erreicht, und der die Glocke des Doms von der von Sant'Agostino unterscheiden kann.

In angenehmer Erinnerung sind mir die langen Vormittage und Nachmittage, die ich, die Beine unter der Bank ausgestreckt, in trägem Nichtstun verbrachte, mir mit meiner kleinen Feder die Fingernägel putzte und dabei an die Volpina dachte, die zu dieser Stunde sicher am Meer war und hinter den Klippen mit den Fischern Liebe machte. Es war März, ob sie sich schon nackt auszog dabei?

Auch für dich war die Schule also eine ›Schule des Sehens‹?

Vielleicht habe ich gerade in der Schule einen gewissen Sinn für Humor und für das Karikaturistische entwickelt, eine

Art und Weise, die Leute mit einer Mischung aus Solidarität und Ironie zu betrachten, denn trotz ihres Gebrülls, ihrer Blitze schleudernden Augen hinter den Brillengläsern, der Beschimpfungen und der Aufgabenhefte, die sie zerfetzten, als enthielten sie die infamsten Ketzereien, und ihren in einem unverständlichen Dialekt ausgestoßenen Drohungen – »Ins Gefängnis gehörst du, ins Irrenhaus, aber nicht in die Schule!« –, trotz oder vielleicht gerade wegen all dieser neurotischen, schizoiden Verhaltensweisen waren die Lehrer dort wirklich komisch und pathetisch, und ich mochte sie sehr. Sie sprachen Dialekte und Mundarten, die wir noch nie gehört hatten, außer vielleicht bei irgendeinem ›giargianesischen‹ Polizisten. ›Giargianesen‹ nannte man in Rimini alle, die aus dem Süden kamen. Die Leute aus Matera, Reggio Calabria, Syrakus, Neapel waren alle ›Giargianesen‹ für uns. Sogar einen Schulkameraden aus Ancona nannten sie so, und der fing dann jedesmal zu weinen an. Wir Pennäler aus Rimini mit unserem Dialekt, mit dem wir genauso viel Aussicht hatten, verstanden zu werden wie ein Chinese, der mit dem Kopf unter Wasser eine Rede hält, brachen in schamloses Gelächter aus, wenn uns Studienrat De Nittis aus Dantes ›Inferno‹ vorlas und das Klassenzimmer von seinem barlettanischen Dialekt widerhallte.

Ach ja, vielleicht habe ich in der Schule auch noch gelernt, daß es viele Typen von Italienern gibt und daß Italien aus vielen kleinen Stücken besteht, die alle verschieden sind.

Da du gerade von Dantes ›Inferno‹ redest, möchte ich dir eine kleine Zwischenfrage stellen: Stimmt es, daß du mehrmals – vor allem von den Amerikanern – das Angebot bekommen hast, die ›Göttliche Komödie‹ zu verfilmen? Dan-

tes Dichtung hat auf den Film ja schon immer und immer wieder ihren Reiz ausgeübt.

Ja, das stimmt, dieser Vorschlag ist mir schon drei- oder viermal gemacht worden. Und jedesmal machten die Interessenten lange Gesichter voll mißbilligender Enttäuschung; sie konnten sich mein Widerstreben einfach nicht erklären. Daß ich zu einem so erhabenen Projekt nein sagte, war schlimm für sie, sehr schlimm – geradezu unverzeihlich. Neulich erst sagte mir ein dicker, höchst sympathischer Amerikaner, der mich breitzuschlagen versuchte, ich sei der einzige, der den Amerikanern nahebringen könnte, was Dante im ›Inferno‹ eigentlich gewollt habe.

Das Projekt ist verlockend, mir würde es schon gefallen, einen kurzen Film mit schizoiden Bildern, Bildern aus dem Irrenhaus, daraus zu machen, die Unterwelt als psychotische Dimension darzustellen in Anlehnung an Signorelli, Giotto, Bosch, die Zeichnungen von Verrückten – ein ödes, unbequemes, enges, verqueres, eintöniges kleines Inferno; doch der Produzent, der die ›Göttliche Komödie‹ vorschlägt, denkt dabei im allgemeinen an Doré, an dicke Rauchschwaden, große nackte Ärsche und Science-Fiction-Drachen.

Ein Kunstwerk entsteht in seiner nur ihm eigenen Form; derlei Transpositionen halte ich für monströs, lächerlich, pervers. Ich ziehe im allgemeinen Originalstoffe vor, die eigens fürs Kino geschrieben worden sind. Ich glaube, das Kino braucht die Literatur gar nicht, es braucht nur Filmautoren, Leute also, die sich in Rhythmen und Kadenzen ausdrücken, wie sie dem Film eigen sind. Der Film ist eine autonome Kunst, die nicht auf Transpositionen auf einer Ebene angewiesen ist, die bestenfalls immer nur illustrativ sein kann. Jedes Kunstwerk lebt in der Dimension, in der es konzipiert worden ist und seinen Ausdruck gefunden hat. Was findet man in einem Buch? Situationen. Situationen aber haben als solche überhaupt keine Bedeutung. Was zählt, ist die Empfindung, mit der sie dargestellt werden, die Phantasie, die Atmosphäre, das Licht: letztlich also die Interpretation dieser Fakten. Die literarische Interpretation der Fakten hat nun aber mit ihrer filmischen Interpretation nichts zu tun. Es sind zwei völlig verschiedene Ausdrucksmittel.

Du sprichst zwar mit Sympathie und Dankbarkeit von deiner Schule, aber es hat dennoch den Anschein, als hieltest du sie ungeeignet für die Aufgaben, die ihr bei der Erziehung der Kinder eigentlich zukommen. Wie stündest du zur Schulreform, wenn du Minister wärst?

Ich habe keine Kinder, nur zwei Neffen, die ich fast nie sehe, und weil ich immer damit beschäftigt bin, Filme zu machen, weiß ich auch nicht, wie die Schule heute ist. Ich stelle mir vor, daß sie, abgesehen von dem neuen Anstrich, den man ihr gegeben hat, und von der gelockerten Disziplin, nicht viel anders ist als damals: kaum gewillt also und schlecht dafür gerüstet, die Verantwortung für die Erziehung des Schülers zu übernehmen. Ich meine, daß das Kind in einem Alter in die Schule kommt, wo zwischen Phantasie und Realität, zwischen der gerade erst in den Anfängen stehenden Welt des Bewußtseins und der sehr viel weiteren und freieren Welt des Irrationalen, des Traums, der inneren Kommunikation noch sehr zarte Grenzen bestehen, wo die beiden Welten erst von einer hauchdünnen, porösen Membran voneinander getrennt sind, die noch einen ständigen Austausch, Osmosen und unvermutete Infiltrationen zuläßt. Statt diesen Zustand der Gnade, der mit den Jahren dann sehr rasch vergeht, nun als etwas Wertvolles, als goldenen Speicher von Wissen, der eine

Erweiterung der vitalen Fähigkeit bewirkt, zu erkennen und zu schützen, ignoriert ihn die Schule planmäßig, betrachtet ihn beinahe mit Argwohn und Mißtrauen, sobald er der konventionellen Ordnung im Wege ist, in die das Kind eingepfercht werden soll. Schuld daran hat keiner, es ist einfach Teil der geistigen Trägheit, Lustlosigkeit und Unfähigkeit, mit der wir Erziehungsfragen im allgemeinen angehen, und der grundlegenden Unachtsamkeit, die wir mit unserer Überzeugung, das Kind sei nichts als ein Fehler, der behoben werden muß, gegenüber der Welt der Kindheit an den Tag legen. Dabei haben wir es doch mit einer zumindest merkwürdigen, ungewöhnlichen Persönlichkeit zu tun, die über zwar rudimentäre, aber intakte Mittel verfügt, mit der Realität in Kontakt zu treten, und genau wie die Naturelemente Kenntnisse bewahrt hat, die uns abhanden gekommen sind, und sehr viele Dinge weiß, die wir vergessen und gezwungenermaßen in uns ausgelöscht haben.

Wenn ich ein Kind hätte, würde ich vor allen Dingen versuchen, selbst von ihm zu lernen. Normalerweise tun die Eltern genau das Gegenteil: Sie zwingen ihrem Kind die paar Ungereimtheiten auf, die sie im Kopf haben, und fragen es nie irgend etwas. Niemals habe ich einen Vater oder eine Mutter gesehen, die sich zu einem Kind hinabgebeugt und es gefragt hätte, was es denn mache, was es wolle, wie es die Katze sehe, wie der Regen sei, was es in der Nacht geträumt oder warum es Angst habe. Wir sind völlig von unseren Problemen und unserer kurzsichtigen Auffassung von der Wirklichkeit eingenommen.

Ich habe mich immer angezogen gefühlt von diesen drolligen kleinen Verrückten mit ihren Grimassen, ihrer Gewalttätigkeit, Wildheit und animalischen Unschuld. Der Film, von dem ich es am meisten bedaure, daß ich ihn nicht gemacht habe – der aber praktisch unmöglich ist –, ist eine Geschichte mit etwa dreißig zwei-, dreijährigen Kindern, die in einem Wohnblock am Stadtrand leben. Was mich so fesselt, ist die mysteriöse, telepathische Kommunikation zwischen Kindern, die Blicke, die sie wechseln, wenn sie sich auf der Treppe oder im Hausflur begegnen, wenn sie hinter einer Tür stehen oder in einer Wiege liegen oder wie ein Bündel Grünzeug an der Hand gehalten werden. Das Leben in so einem großen Wohnhaus ganz aus der Sicht und Betrachtungsweise des Kindes, mit Geschichten von totaler Liebe, von Haß und Leid – alles im Treppenhaus, auf den Balkonen und im Vorgarten. Bis dann diese Kinder wie Kaninchen weggeschleppt und in den Kindergarten gesteckt werden, wo man sie gleich am ersten Tag kastriert.

Von den Projekten, die ich wieder aufgegeben habe, taucht dieser Film, zusammen mit ›Mastorna‹, immer wieder mit vorwurfsvoller Miene vor mir auf. Es hätte ein sehr bewegender und unheimlich komischer Film werden können. Mir scheint, daß diese kleinen Kerlchen große Reichtümer in sich bergen, sie haben eine kleine und unermeßliche Schatzkammer im Kopf, im Herzen, im Bauch, die voller Geheimnisse steckt, die dann nach und nach verschwinden.

Kommen wir zu Pierinos Erinnerungen zurück. Was warst du für ein Kind?

Manchmal kommen mir alte Photographien vor Augen, auf denen ich auch drauf bin, im Matrosenanzug, zusammen mit meinem Bruder aufrecht hinter Vater und Mutter stehend, die auf zwei Samtsesseln sitzen. Ich erinnere mich, daß wir diese Sessel von zu Hause bis ins Atelier des Photographen schleppen mußten, der Sozialist war und vom Polizeichef überwacht wurde. Meine Mutter wollte sich nämlich genau auf diesem Sessel photographieren lassen, mit Titina auf dem

Schoß, einer kleinen Hündin, die ihren Namen zu Ehren des Generals Nobile bekommen hatte, der seinerzeit in seinem roten Zelt auf dem Packeis in der Klemme saß.

Auf einem anderen Photo stecke ich inmitten meiner vierzig Klassenkameraden und stelle mich krumm und buckelig wie Lon Chaney im ›Glöckner von Notre Dame‹. Wieder auf einem anderen bin ich alleine, ein schmächtiges Bürschchen in einem rosa-himmelblauen Badeanzug, der mir bis an die Knie reicht; lächelnd, die Augen gen Himmel gekehrt, stehe ich da wie ein unschuldiges Kälbchen, und mein mit Brillantine eingeschmiertes Haar fällt mir in einer unsäglichen Schmachtlocke in die Stirn. Wer weiß, was mir der Photograph hat versprechen müssen, damit er mich so entstellen durfte!

Ich betrachte diese Photographien und frage mich, ob man daraus ersehen kann, wie dieses Kind war. War es brav? War es ehrlich? War es glücklich? Und was ist von diesem zarten, eher wie ein Mädchen wirkenden Kerlchen geblieben? Ich habe schon bei anderen Gelegenheiten gesagt, daß ich mich an meine Kindheit kaum erinnern kann, obwohl ich oft als ›der Regisseur, der alles im Kopf hat‹ bezeichnet werde. Aber damit du zufrieden bist, will ich dir doch eine kleine Episode erzählen, aus der ein Psychoanalytiker vielleicht eine Wesensart und Neigung herauslesen und eine Bestimmung erahnen könnte. Ich hatte es gern, wenn man mich bedauerte und wenn ich undurchschaubar und geheimnisvoll wirkte. Ich genoß es, mißverstanden zu werden, mich als unverstandenes Opfer zu fühlen. Einmal inszenierte ich – von wer weiß was für Rachephantasien erfüllt – sogar einen Selbstmord. Mit roter Tinte, die ich aus dem Büro meines Vaters geklaut hatte, beschmierte ich mir Stirn und Hände und legte mich auf den eiskalten Fußboden ganz hinten im Treppenhaus. Still und brav, mit angehaltenem Atem, wartete ich dort, daß jemand erscheinen und den ersten Schreckensschrei ausstoßen möge. Mein Herz schlug heftig, die Fliesen waren wirklich eisig, und ich bekam einen Wadenkrampf, der mein ganzes Bein zittern ließ. »Um so besser«, dachte ich, »das ist eben das Todeszittern.« Aber Angst hatte ich auch. Wenn sich meine Mutter, wahnsinnig vor Schmerz über meinen Anblick, nun ebenfalls ins Treppenhaus hinabstürzte? »Hoffentlich tut sie es nicht«, betete ich und wartete standhaft weiter, zutiefst erschüttert über mein undankbares Los. Dann ging die Haustür auf, und ich spürte, wie jemand mit der Spitze eines Stocks gegen mein Knie stieß. Es war mein Onkel, der von der Höhe seiner einsneunzig aus mit unbewegtem Gesicht sagte: »Steh auf, du kleiner Kasper, und geh dir das Gesicht waschen!« Mir war, als müßte ich jetzt wirklich sterben, vor Wut und Scham, und noch viele Jahre lang habe ich diesen klugen und herzlosen Onkel gehaßt.

Als der Äthiopienkrieg ausbrach, warst du gerade in der ersten Klasse des Gymnasiums. Was hast du von diesem Ereignis noch in Erinnerung?

Die Abfahrt der Freiwilligen aus Rimini, die Fahnen und Weinflaschen, und die Leute, die sie sprachlos anstarrten, denn da gab es Gestalten zu sehen, mit Helm und in Uniform, von denen wir uns nie hätten vorstellen können, daß sie jemals einen Tornister auf den Rücken und ein Gewehr mit Bajonett in die Hand kriegen würden. Etwa Gigin dei Foss, der so genannt wurde, weil er seine Notdurft immer in einem Graben hinter dem Gefängnis verrichtete, zum Ärger der Waschfrauen, die wütend mit ihren Holzpantinen und sogar mit backsteingroßen Seifenstücken nach ihm warfen [von *fosso*, Graben, d. Ü]. Und dann Ciapalos, auch ein unübersetzbarer und völlig obszöner Spitzname. Dann der Sohn des

Präfekten, genannt der ›wunderschöne Cecè‹, dann Charlot und Masticabrodo, der Priester werden sollte, sich dann aber in eine Eisverkäuferin verliebte. Auch Rodriguez, Meister im Halbschwergewicht, war dabei, mit seinem Gesicht, das ihm den Spitznamen ›Sing-Sing‹ eingetragen hatte. Er war es, der nun mit seiner häßlichen, von den vielen Kinnhaken, die er hatte einstecken müssen, schon zahnlosen Schnauze, ›Facetta nera‹ anstimmte. All die anderen sangen im Chor mit und warfen wilde Blicke um sich, als wollten sie alle Zurückbleibenden anklagen. Schwarze Fahnen und die Trikolore wurden geschwenkt, und unter ausgelassenem Gejohle und immer neuen Liedern setzte sich der Zug schließlich mit einer dicken Rauchwolke in Bewegung. Aus einem Fenster schleuderte einer der Freiwilligen, ich weiß nicht, ob aus Freude oder Wut, eine Apfelsine hinaus, die den Telegraphisten, der mit patriotischem Eifer die weiß-rot-grüne Fahne schwenkte, mitten ins Gesicht traf.

Ich erinnere mich auch an die Plakate, die in Rimini an den Mauern klebten und auf denen ein Legionär zu sehen war, der mit einer Streitaxt die Ketten einer ganzen Negerfamilie entzweischlug. Und an die ersten Ansichtskarten mit kleinen barbusigen Negerinnen, zu denen Gigino Melandri, ein großer Kenner exotischer Schönheiten, mit gleichmütiger Stimme seine technischen Kommentare abgab: »Denn seht mal, Kinder, die Negerin hat kleine, weit auseinanderstehende Brüste, und man kann nicht an beiden gleichzeitig lutschen. Wenn ihr euren Mund aber genau in der Mitte ansetzt, könnt ihr eure Zunge Zickzack nach rechts und links schnellen lassen, und das Ergebnis ist für die Betroffene genau so gut wie ein gleichzeitiges Belecken beider Zitzen.« Wir hörten ihm mit staunendem Schweigen zu, und einer von uns wollte es ausprobieren und forderte einen Kameraden auf, die Negerin zu spielen.

In der Schule trieben wir die üblichen Narrenpossen. Zu dritt oder viert begaben wir uns als Komitee zum Direktor und verlangten mit vor Rührung und Eifer bebender Stimme von dem guten Mann, er solle uns die Fahne aushändigen, damit wir unsere ruhmreichen Truppen feiern könnten, die am Abend zuvor im Triumph in ... eingezogen seien. – »Wo?« fragte der Direktor, der ein überaus sanftmütiger Mann war, ein ehemaliger Bibliothekar mit großer, bleicher Nase, die ihm etwas Kaninchenartiges verlieh, »wo sind sie eingezogen?« Und wir, in Habtachtstellung: »In Waffankùl, Herr Rektor, in der Nähe von Tolintesàc.« [Von va fa'n'culo – etwa leck mich am Arsch, d. Ü]. Der Ärmste hatte bestimmt seine Zweifel an der Existenz dieser Örtlichkeiten, aber er besaß wohl nicht den Mut, Einwände zu erheben. Einmal nämlich hatte der Federale in einer Rede zu Schuljahresbeginn gesagt, daß Leopardi ja recht und gut sei – allerdings ›cum grano salis‹, denn an patriotischer Dichtung gäbe es Besseres. Damals hatte der Direktor, für den Leopardi das höchste war, bedeutungsschwere Blicke auf sich gespürt. Also gab er uns die Fahne, und von schändlicher Fröhlichkeit erfüllt, zogen wir krachschlagend unter die Fenster des naturwissenschaftlichen Gymnasiums, dann zur Handelsschule und zum Lehrerseminar und befreiten auch die Schüler dieser Schulen. Dann gingen wir alle ans Meer und feierten Waffankùl.

Was ist wahr an dem Gerücht, du wärst eines Tages von zu Hause weggelaufen, um einem Zirkus zu folgen?

Wahr daran ist, daß es mir sehr gefallen hätte, wenn es wahr gewesen wäre. Es ist mir ein bißchen unangenehm, schon wieder über den Zirkus zu reden, wo ich doch in allen meinen Filmen davon erzähle. Ich kann nur sagen, daß ich schon damals diese mehr oder minder geheimnisvollen Koinzidenzen erlebt habe. Ich weiß noch, daß ich so etwas wie eine erregende, prophetische, antizipierende Resonanz in mir spürte, als ich zum ersten Mal den Fuß in den atmenden, feuchten, ruhigen Riesenbauch eines Zirkuszelts setzte. In dieser großen, verzauberten Leere fühlte ich mich heimisch, das feuchte Sägemehl, die Hammerschläge, dumpfe Geräusche, die von irgendwoher kamen, das Wiehern eines Pferdes... Es war der Zirkus ›Pierino‹, von dem ich auch in den ›Clowns‹ erzählt habe, ein Zirkus, der wahrscheinlich winzig war, mir aber unermeßlich vorkam, wie ein Raumschiff, eine Montgolfiere, etwas, womit ich am liebsten weggefahren wäre.

Als dann die Vorstellung begann, und um mich herum – ich saß auf dem Schoß meines Großvaters – die Lichter angingen und die Trompeten, Trommelwirbel, Beifallsstürme, die Clowns mit ihren lauten Späßen und ihrer tollpatschigen, komischen, zerlumpten, heiteren Irrationalität loslegten, hatte ich das vage Gefühl, erwartet zu werden – daß die Zirkusleute auf mich warteten. Mir schien, als würden sie mich erkennen, so wie die Marionetten von Mangiafuoco von der Bühne aus Pinocchio erkennen, der hinten im Zelt sitzt, und ihn als einen der ihren begrüßen und beim Namen nennen, ihn umarmen und die ganze Nacht mit ihm tanzen. Ich kehrte jeden Tag zum Zirkus zurück, solange er sein Zelt in der Nähe unseres Hauses aufgeschlagen hatte, und schaute bei den Proben und bei allen Vorstellungen zu. Einmal hat mich meine Familie bis Mitternacht gesucht, und keiner ist auf die Idee gekommen, daß ich dort war, nur wenige Schritte von ihnen entfernt. Aber es sprach sich herum, daß ich verschwunden gewesen war, und eine Woche danach erteilte mir der Lehrer Rivo Giovannini in der Schule vor versammelter Klasse einen Verweis. »Wir haben einen Clown in unserer

Klasse«, sagte er und zeigte mit dem Rohrstock auf mich. Und ich war außer mir vor Freude.

Zu deiner Jugend – was hast du in dieser Zeit getan, was hast du gedacht?

Was soll ein kleiner Junge schon denken, der mit seiner Familie in der Provinz lebt, mit dem Faschismus, der Kirche, dem Gymnasium, dem amerikanischen Film und – im Sommer am Meer – den deutschen Frauen im Badeanzug? Ich habe keine großen Erinnerungen an diese Zeit, und zudem ist alles in meine Filme geflossen. Meine Erinnerungen habe ich der Öffentlichkeit preisgegeben, und damit habe ich sie ausgelöscht; ich kann auch gar nicht mehr unterscheiden, was sich wirklich ereignet hat und was ich erfunden habe. Die wahre Erinnerung wird von der Erinnerung an gemalte Kulissen, an das Plastikmeer überlagert, und die Gestalten aus meiner Kindheit in Rimini werden rücksichtslos beiseite gedrängt von Schauspielern und anderen Leuten, von denen sie bei der szenographischen Rekonstruktion in meinen Filmen dargestellt worden sind. Mein Vorrat an Erinnerungen an damals ist erschöpft; gib mir ein bißchen Zeit, dann erfinde ich neue. Seit nun schon fünf oder sechs Jahren liegen mir die Amerikaner in den Ohren, ich solle doch ›Amarcord 2‹ machen.

Rimini …

Blendende Sonnenhelle im Sommer, alles verschluckender Nebel im Winter. Der Nebel ist eine starke existentielle Erfahrung. Im Winter gibt es Rimini einfach nicht mehr. Die Piazza ist weg, der Palazzo Comunale ist weg, und wo ist nur der Malatestatempel hingeraten? Der Nebel verbirgt dich vor den anderen, er umgibt dich mit der berauschendsten Heimlichkeit, du wirst der große Unsichtbare: Man sieht dich nicht, also bist du auch nicht da. Diese Tatsache machte mich so trunken, daß es mir in den Haarwurzeln knisterte. Die stärksten Erinnerungen an meine Jugendzeit sind zum größten Teil mit beeindruckenden, effektvollen Naturereignissen verbunden, an denen ich größten Gefallen fand und die ich bisweilen auch mit Vergnügen herbeigeführt habe.

Eine gewisse Neigung, den Dingen eine bizarre, traumhafte Deutung beizulegen, habe ich wohl schon immer besessen. Wenn der Dom vom Nebel verschluckt wurde und verschwand, empfand ich eine starke Erregung. Ein anderes Schauspiel, das mich faszinierte, war der große Schatten des Vittorio-Emmanuele-Theaters im Sommer, der die Piazza Cavour quer durchschnitt. Vielleicht wollte ich mich auch nur davon bezaubern lassen, um anders zu erscheinen als meine Schulkameraden, die gar nicht begreifen konnten, weshalb ich so lange auf dieser Schattengeschichte und der entzweigeschnittenen Piazza herumritt. Immer trieb es mich, jemanden darzustellen. Ich beschmierte mich mit Farben, um mich zu maskieren, und als einmal – ich war noch ganz klein – eine Cousine aus Bologna kam, die schon größer war, hatte ich keine Ruhe, bevor ich ihr nicht den Lippenstift geklaut und mich im Bad eingeschlossen hatte, um mich anzumalen.

Wann hast du angefangen, dir Fragen zu stellen?

Ich hab mir nie welche gestellt, tue es bis heute nicht und verstehe auch nicht, warum du mir welche stellst. Weil ich doch keine Antwort weiß, sehe ich auch nicht ein, warum ich mich mit Fragen allgemeiner Art in Schwierigkeiten bringen sollte. Vom Philosophieunterricht im Gymnasium kann ich mich nur noch an den Lehrer erinnern. Er hieß Dell'Amore und kam aus Avellino. Er schrieb auch Gedichte in der Art von D'Annunzio, sehr sinnliche, und einmal im Monat las er sie uns vor, mit seinem schönen, dunklen, südländischen Gesicht, seinen funkelnden Brillengläsern und langen Haaren. Er hatte Löcher in den Strümpfen, eine etwas pockennarbige Haut und dicke, fleischige Lippen, über die er langsam seine lange rosa Zunge fahren ließ. Mir war er sehr sympathisch, aber wir hatten einen gewissen Duilio Timbracci in der Klasse, den Sohn eines fürchterlichen Frömmlers, der bei Prozessionen als Gespenst verkleidet das Kreuz trug und dabei mit finsterer, drohender Miene sang. Ausgerechnet während einer Prozession traf den armen Kerl ein leichter Schlaganfall, und das auseinanderbrechende Riesenkreuz zerschlug das Schaufenster von Guanto Rosso. Dessen Sohn nun denunzierte Dell'Amore beim Direktor, dem er sagte, daß der Professore in der Philosophiestunde unzüchtige Gedichte vorlese. Von da an sagte Dell'Amore geschmeichelt, aber traurig nein, wenn wir ihn baten, seine Gedichte vorzutragen, bat uns, nicht darauf zu bestehen, und fing an, über Spinoza zu sprechen.

Bis zu jenem Schuljahr hatte ich noch nie gehört, daß es eine Wissenschaft gibt, die uns zu erklären versucht, wer wir sind und wohin wir gehen. In den ersten Stunden hörte ich gebannt zu, denn mir schien, daß es nun endlich auch an unserem Gymnasium jemanden gäbe, der uns interessante Dinge zu sagen wußte, abgesehen von Professor De Nittis, der Homer las wie Ermete Zacconi und uns damit zu Tränen rührte.

Allerdings muß ich hinzufügen, daß ich mir von diesen genialen Konstruktionen des menschlichen Geistes, von all den abstrakten Systemen recht wenig gemerkt habe. Schule und Leben hatten für mich nicht das geringste miteinander zu tun. Ganz selten drang in die abstrakte, papierne, persekutorische Welt der Schule ein Lichtstrahl von Menschlichkeit, Wirklichkeitsnähe oder authentischer Phantasie. Von all den Unterrichtsstunden bei dem sympathischen Professor Dell' Amore ist mir nur das herausfordernde, zufriedene Lächeln in Erinnerung geblieben, mit dem er uns, nachdem er um Ruhe gebeten hatte, jede Silbe betonend die Frage stellte: »Was meint ihr, liebe Kinder, wer bei einem Wettlauf zwischen Achill und einer Schildkröte auf einer gradlinigen Strecke als erster ankommt?« Um seine selbstgefällige Sicherheit zu erschüttern, erhob ich mich und sagte: »Die Schildkröte!« Warum, das konnte ich natürlich nicht erklären, aber zum Glück für meine Klassenkameraden hatte Zenon das verwirrende Dilemma ja schon vor vielen Jahrhunderten gelöst.

Begeben wir uns nun nach Florenz. Warum gerade Florenz?

Weil dort die ›420‹ [eine satirische Zeitschrift, d. Ü.] war, an die ich Cartoons und Witze geschickt hatte, und weil es viel näher bei Rimini lag als Rom oder Mailand. Ich ging noch aufs Gymnasium, als ich mich eines Morgens in den Zug setzte und mich bei der Redaktion dieses Blattes vorstellte. Dort lernte ich den Zeichner Giove Toppi kennen, die tragende Kraft aller Publikationen von Nerbini. Von ihm stammte die Umschlaggestaltung zu ›Buffalo Bill‹, den ›Drei Boy-Scouts‹ und ›Lord Lister‹ sowie die meisten Karikaturen in ›420‹. Er illustrierte auch Kinderbücher, Salgari, Perodi, außerdem machte er Plakate... Er gehörte zur Schule der ›figurinai‹, wie die Zeichner genannt wurden, die auf Carlo Chiostri, den legendären Illustrator des ›Pinocchio‹, zurückgriffen.

Mit seiner großen Nase, seinen weißen Koteletten und der Wärmflasche auf dem Bauch saß Giove Toppi Tag und Nacht hinter dem ungeheuren Zeichentisch in seinem riesigen Zimmer, das mir, dem Neuankömmling aus Rimini, wunderschön vorkam. Es war wie das Vittoriale – voll von Teppichen, üppigen Vorhängen, Statuen, Wappen, Frauenakten und Rüstungen. Ganz hinten stand das Bett, groß wie ein Schiff und völlig unter Kissen begraben. Toppi empfing mich, als sei es ganz normal, daß ich hier war. Er würdigte mich keines Blicks. Während er weiterzeichnete, fragte er mich, ob ich in Rimini nicht eine dunkelhaarige Frau mit grünen Augen kennen würde, die ihn mit eiserner Gewalt bezwungen habe. Er gefiel sich wohl darin, jungen Leuten bei ihren ersten Schritten zu helfen. Aus der Höhlung der Hand, in der er den Stift hielt, lugte das Köpfchen eines Vogels heraus; Toppi erklärte, noch immer ohne mich anzusehen: »Da drinnen will er hocken, nicht etwa in der Linken, nein, es muß die sein, mit der ich zeichne. Wenn ich ihn auch nur für einen Moment loslasse, weint er verzweifelt. Hörst du's? Es zerreißt mir das Herz.« Er nahm das Vögelchen wieder in seine große, warme Hand und zeichnete seufzend weiter.

Du bist also bei ›420‹ eingestellt worden?

Ja, aber erst fast ein Jahr später, weil ich noch das Gymnasium abschließen mußte. Als ich mich an der Universität einschreiben sollte, war mir, als stünde ich vor einer öden, nebelhaften Leere. »Alle meine Freunde waren erleuchtet, ich allein war verwirrt«, sagt Laotse. Entschuldige, daß ich ein Zitat anführe, aber ich schwöre dir, es wird das einzige im ganzen Interview sein. Ich wußte nur, was ich nicht werden wollte – weder Anwalt, wie mein Vater wollte, noch Arzt, wie es meine Mutter gern gehabt hätte, auch nicht Ingenieur oder Admiral. – Schriftsteller? Maler? Verlockend erschien mir der Beruf des Reporters, und zu den Komikern, die ich für Wohltäter der Menschheit halte, fühlte ich mich ebenfalls stark hingezogen. Die Leute zum Lachen zu bringen, ist mir immer als die privilegierteste Berufung erschienen, beinahe wie die der Heiligen.

Aber du wirst in dieser Zeit doch nicht nur komische Filme gesehen haben?

Greta Garbo, Gary Cooper und Tom Mix beeindruckten mich nicht so wie Keaton, Stan und Ollie und Ridolini. Humphrey Bogart konnte ich nicht ausstehen – es wollte mir nicht in den Kopf, wie einer immer so grantig sein konnte, daß er den Regenmantel nicht einmal im Bett auszog. Die Garbo in ihrer gespenstischen Erhabenheit flößte mir Scheu ein, und die Staatsprobleme, von denen sie ständig in Anspruch genommen war, kamen uns vom Gymnasium ein bißchen sonderbar vor. Die Marx-Brothers dagegen hauten mich um. Sie sind meine geistigen Paten. Buster Keaton gefiel mir besser als Chaplin, der mit seinen klaren Katzenaugen und seinen spitzen Nagezähnchen ein gewisses Mißtrauen in mir wachrief. Ich gebe zu, daß er vielleicht der größte ist, doch Keaton erpreßt einen wenigstens nicht mit Gefühlen; seine Kämpfe und Katastrophen haben nicht das Ziel, irgendein Unrecht wiedergutzumachen, sie wollen weder Rührung noch Empörung in uns wecken. Mir scheint, daß er uns mit seinen beharrlichen Bemühungen eine andere Einstellung, eine ganz neue Perspektive, beinahe eine Philosophie suggeriert, eine andere Religion, die alle die zu unwandelbarer Begrifflichkeit erstarrten Ideen und Postulate umkehrt und lächerlich und nutzlos werden läßt – ein Komisch-Sein, das unmittelbar vom Zen-Buddhismus herkommt. Und von den Orientalen hat Keaton ja auch die Unerschütterlichkeit, das Fehlen von Reflexen. Seine Komik ist immer die Komik der

Träume, wo die Allegorie, die Leichtigkeit, der Aspekt des Komischen tief im Inneren erlebt werden, gleich einem unbändigen, lautlosen Lachen über den immensen, unversöhnlichen Widerspruch zwischen unseren Anschauungen und dem Mysterium der Dinge.

Nach Florenz werden wir gleich noch einmal zurückkehren. Jetzt aber sag' mir, ob du außer den Komikern auch irgendwelche Schriftsteller als deine geistigen Paten betrachtest.

Wie froh wäre ich, wenn ich ein für allemal den Mut fände, zu sagen, welche Bücher ich nicht gelesen habe... Welche Erlösung, wenn man endlich die Verpflichtung los wäre, das Urteil eines anderen mit halbherzigen Phrasen aufs Geratewohl zu teilen oder abzulehnen (aber hat er denn das Buch auch wirklich gelesen?)! Vielleicht dämmert dir allmählich, wie unersprießlich es ist, mit einem wie mir Interviews zu machen. Laß mich einmal versuchen, meine geistigen Paten zusammenzuklauben: Pinocchio, Bibi e Bibò, Dickens, Fortunello, Gian Burrasca, Die Schatzinsel, Poe, Arcibaldo e Petronilla, Jules Verne, Simenon. Simenon, den ich ungeheuer bewundere, ist sogar mein Freund geworden – einmal hat er mir gesagt, er habe schon mit zehntausend Frauen geschlafen; ob ich es je soweit bringen werde wie er?

Und trotz der Schule möchte ich auch Homer, Catull und Horaz nennen. Auch die ›Anabasis‹ gefiel mir, mit den Soldaten, die »alle vierzig Parasangen auf ihre langen Lanzen gestützt Oliven aßen und Wein tranken«. Aber wie soll ich mich denn an all die Bücher erinnern, die mir die Augen über mich selbst geöffnet und damit zu meiner Entwicklung beigetragen haben? Erinnerst du dich an Yambo? Er schrieb Romane und illustrierte sie mit Zeichnungen, die mir wunderschön vorkamen. Unter vielen anderen hatte er eine

Gestalt ersonnen, die Mestolino hieß. Sie war mein genaues Ebenbild: ein klapperdürres Bürschchen mit dichtem Haarschopf, das von Natur aus unfähig war, die Wahrheit zu sagen...

Wir haben eben von deinen ersten Erfahrungen mit dem Verleger Nerbini gesprochen, der Comics herausgab. Was hast du zwischen 1937 und 1938 in Florenz gemacht?

Irgend etwas zwischen Portier und Redaktionssekretär. Ich klebte Briefmarken auf die Umschläge, und drei-, viermal habe ich Palazzeschi die Einkaufstasche getragen, vom Markt bis zu seiner Droschke. Damals wußte ich noch nicht, daß er ein großer Schriftsteller war: Ich sah nur einen gutmütigen, schweigsamen Herrn, der seinen Spaß daran hatte, zwischen den Marktständen herumzubummeln und um Salat, Tomaten und Käse zu feilschen. Die Marktfrauen sagten ›Professore‹ zu ihm. Eine nannte ihn mal ›Exzellenz‹, und da hörte er gar nicht mehr zu lachen auf. Als ich ihn vor seiner Kalesche begrüßte, machte er eine leichte Verbeugung vor mir und nannte mich ebenfalls ›Exzellenz‹, vor dem verdutzten Kutscher, einem schwitzenden, muskelstrotzenden jungen Burschen.

Ein anderes Mal sagte Palazzeschi zu mir, in meinem Alter sollte ich doch nicht diese albernen kleinen Geschichten für Zeitungen schreiben, sondern lieber Gedichte machen. Viele Jahre später, als ich ›Die Schwestern Materassi‹ und vor allem ›Roma‹ las, empfand ich Scham und Reue, weil ich damals gar nicht erkannt hatte, was für einen glanzvollen, großen Meister ich da vor mir hatte.

Meine Freunde waren damals die Journalisten und Zeichner von Nerbini, der ›Buffalo Bill‹, ›Tre Boy Scouts‹, ›L'Avventuroso‹ und ›420‹ herausgab. Als das Minculpop [Ministero cultura popolare = Ministerium für volkstümliche Kultur, d. Ü.] wegen der politischen Spannungen zwischen Amerika und Italien den Import der amerikanischen Strips wie Flash Gordon, Mandrake und Konsorten verbot, erklärte ich mich, unverfroren wie ich war, zusammen mit Gino Schiatti bereit, die Texte der Geschichten von Raymond und Falk selbst zu verfassen. Giove Toppi lieferte die Illustrationen dazu – eine perfekte Nachahmung des Zeichenstils der Amerikaner. Oreste del Buono, der in dieser Sache genaue Nachforschungen angestellt hat, behauptet allerdings, die Geschichte vom hausgemachten Flash Gordon sei eines der vielen Märchen in meiner Lebensgeschichte. Vielleicht hat er sogar recht...

Im Dezember 1938 bist du dann nach Rom gegangen, zu einer anderen humoristischen Zeitschrift namens ›Marc'Aurelio‹. Wie bist du denn dazu gekommen?

Im Gymnasium war ›Marc'Aurelio‹ ein Mythos, eines jener geheimnisumwobenen und verbotenen Geschenke, die aus der Ferne, aus einem wundersamen, traumhaften Rom zu uns gelangten, so, wie die Filme von Fred Astaire und Jean Harlow aus einem unwirklichen, entlegenen Amerika zu uns kamen, aus einem Atlantis, von dem wir nur träumen konnten. Den ›Marc'Aurelio‹ zu kaufen und zu lesen, hatte den gleichen Reiz des Verbotenen wie heimliches Rauchen oder der Versuch, sich am Rockzipfel eines schon volljährigen Freundes ins Bordell einzuschleichen. Die ›Donnine di Barbara‹, die Artikel von Mosca, *Quando la serva è 'bbona, Il Colonnippo Filello*, Metz, De Torres, das waren legendäre Namen und Gestalten. Die Zeitschrift erschien alle zwei Wochen und war so heiß begehrt, daß sie nicht einmal bis in die Zeitungskioske kam. Man mußte sie am Bahnhof abholen, auch um die beharrlichen Störmanöver des Stadtpfarrers zu umgehen, der einmal von der romanischen Kanzel des Doms ins Kirchenschiff hinabgebrüllt hatte: »Seht her, was man mit diesem Schmutzblatt macht!« Einen Augenblick lang herrschte gespannte Stille: Was würde Don Braciola – in Wirklichkeit hieß er natürlich anders – mit dem Heftchen machen? Zur allgemeinen Enttäuschung begnügte er sich damit, es in lange, dünne Streifen zu zerreißen, die er dann zwischen seinen Händen zerknüllte, was aussah, als klatsche er sich selbst Beifall.

Eines Tages, in Riccione, erkannte ich De Torres. Er hatte lange rote Badehosen an, die ihm vom Bauch rutschten, eine Zeitung auf dem Kopf und ließ die Füße ins Wasser hängen. Er war es, da hatte ich nicht den geringsten Zweifel! Im ›Marc'Aurelio‹ hatte ich ein paarmal eine Karikatur von ihm gesehen. Ich wagte nicht ihn anzusprechen, auch weil er die Augen geschlossen hatte und sich die Brise um die Nase wehen ließ; aber ich trieb mich den ganzen Tag in seiner Nähe herum. Gegen Abend dann, als er sah, daß ich immer noch da war, fragte er mich, ob ich ihm nicht eine Schachtel Streichhölzer besorgen könne. Zwei Tage später gab ich ihm Zeichnungen, Karikaturen und kleine Erzählungen von mir, und er sagte, ich solle ihn in Rom in der Via Regina Elena 68 besuchen. Als ich ihn ein Jahr später unter dieser Adresse aufsuchen wollte, sagte man mir dort, daß De Torres sehr selten in die Redaktion des ›Marc'Aurelio‹ käme. Ich würde ihn aber in der Via del Tritone finden, in der Redaktion des ›Piccolo‹, einer von Großoffizier Baroni geleiteten Tageszeitung.

Ich wette, auch dieser Baroni war ein toller Typ . . .

Er trug einen großen, weichen Hut mit silbernem Rand, einen dicken Kamelhaarmantel, der ihm bis an die Füße reichte, einen ellenlangen Schal und Gamaschen. Aus den Ärmeln seiner Jacke schauten Manschetten hervor, die ihm bis an die Finger gingen. Er kam uns sehr elegant vor, und als gegen zehn Uhr abends seine Schritte auf dem Korridor ertönten, streckten alle den Kopf heraus, um ihn zu grüßen. Langsam schritt er voran, umgeben vom Rauch seiner Zigarette und von wunderschönen Frauen, den berühmten Soubretten von Navarrini oder Macario. Außer der Leitung des ›Piccolo‹ hatte er noch eine andere Beschäftigung: Mit der Präzision eines Jongleurs konnte er das getönte Monokel, das auf seinem linken Auge saß, senkrecht in die Tasche seines Gilets fallen lassen. Ein unmerkliches Zucken mit den Augenbrauen – und schwupp! war das Monokel unter den bewundernden Kommentaren von Patti, De Feo und Talarico in der Westentasche verschwunden. Der einzige, der keine Miene verzog, war Savinio mit seiner Baskenmütze auf dem Kopf und seinem ernsten, abwesenden Gesichtsausdruck.

Die Redaktionsbüros des ›Piccolo‹ hatten nicht die geringste Ähnlichkeit mit denen in den amerikanischen Filmen mit Fred MacMurray oder Joe McCrea, der mit seinem Hut von der Tür aus genau auf den Garderobenständer traf. Talarico hat es einmal probiert, aber sein Hut flog durchs Fenster, und er mußte auf die Straße hinunter und ihn dort suchen. Im Flur roch es schon am frühen Morgen nach Gemüseeintopf. De Torres war tatsächlich da, ganz allein in einem kleinen Zimmerchen, in dem nur ein Tisch, ein Stuhl und eine Schreibmaschine standen. Er sonnte sich durch die Fensterscheiben, mit geschlossenen Augen und zufriedenem Lächeln. Ich klopfte, hustete, trat mir die Füße ab ... und beschloß schließlich, später wiederzukommen. Diesmal war das Zimmer voller Leute, aber der einzige, den ich von all diesen Berühmtheiten zu erkennen glaubte, war Brancati. Im Gymnasium hatten wir nämlich einen Bericht über einen Besuch von ihm beim Duce auswendig lernen müssen, und da war auch ein Photo dabei, auf dem er neben Mussolini zu sehen war.

Und De Torres hat dich dann den ersten Artikel schreiben lassen?

Ja, ein paar Tage später stellte er mich unwillig schnaubend auf die Probe. »Na gut, schreib einen Artikel, mal sehn, was du kannst«, sagte er zu mir und deutete auf die Remington, die auf dem Tisch stand. Und weil es gerade regnete, improvisierte er mit pathetischer Stimme: »Ich gebe dir sogar einen Titel: ›*Willkommen, kleiner Regen.*‹ Eine Schreibmaschinenseite und vier Zeilen. Nicht mehr und nicht weniger.« Dann ging er voller Genugtuung weg und ließ mich allein mit dieser Maschine, die eher wie ein Motorrad aussah. Ich war sehr aufgeregt. Zwar gab es hier keinen Fred MacMurray, und von unten dröhnte auch nicht das Rattern der Rotationsmaschinen herauf, aber immerhin war es eine Zeitung, ich sollte einen Artikel schreiben, und vor mir, zur Wand gedreht, saß Ercole Patti, der sich übers Telephon beugte und mit seiner tiefen Verführerstimme in den Hörer flüsterte: »Hast du die Tropfen genommen?« In vierzig Minuten hatte ich den kleinen Artikel fertig – eine Seite und vier Zeilen.

Und hat er ihm gefallen, ist er veröffentlicht worden?

Er wurde viele Monate später veröffentlicht, als es mal ein bißchen schneite. Der Titel wurde natürlich geändert und ein großer Teil des Artikels auch.

Beim ›Piccolo‹ bin ich nicht lange geblieben. Mein Vorbild war Simenon, und mir schwebte vor, lange Berichte à la Maigret für die Kriminalspalte zu verfassen. Ich schlich mich in Portierslogen ein, versuchte in Grüne Minnas zu schlüpfen, wenn die Polizei Razzien unter den Prostituierten gemacht hatte, und war überzeugt, daß ich in der Unterwelt gut gelitten war. Über den nichtigsten Vorfall, einen Selbstmordversuch mit Salzsäure meinetwegen oder jemanden, der sich von einer Brücke gestürzt hatte, schrieb ich gleich vier oder fünf Schreibmaschinenseiten. Ich berichtete die erstaunlichsten Dinge über Leben und Sterben der Hauptperson und all ihrer Anverwandten, Freunde und Bekannten. Einmal, als ich – wieder mal – über einen Selbstmordversuch mit Salzsäure schreiben wollte, kam ich bis Colleferro, wo seit vielen Jahren eine frühere Geliebte des Selbstmordkandidaten wohnte – leider nicht die schöne Frau, die ich anzutreffen gehofft hatte. Sie war sogar ausgesprochen häßlich und noch dazu schlecht gelaunt, mit einem uralten, aber schrecklichen Vater, der dann irgendwann ein Holzscheit packte und es mir an den Kopf geworfen hätte, wenn ich mich nicht schleunigst davongemacht hätte. Ich schrieb einen ausführlichen Bericht, aber irgend jemand, der Ressortleiter oder der Chefsetzer, strichen meine seitenlangen Artikel immer auf ein paar Zeilen zusammen, die dann unter alles widerrufenden Überschriften erschienen wie ›Versehentlich Salzsäure getrunken – mit Wasser verwechselt‹ oder ›Auf Brückengeländer balanciert – und abgestürzt‹. Ich war enttäuscht und gekränkt, ein bißchen hatte ich auch das Gefühl, verfolgt zu werden, und so wechselte ich zum ›Marc'Aurelio‹. Dort wurde ich sofort Redaktionssekretär. Der Direktor des Blattes, Vito De Bellis, hatte einen Narren an mir gefressen und lud mich zweimal in der Woche zum Abendessen ein, um die Zeit zu überbrükken, bis wir in die Druckerei mußten. Er brachte mir mit unerbittlicher Liebenswürdigkeit Tischmanieren bei: Ellenbogen an den Körper anlegen, den Mund erst öffnen, wenn der Bissen auf dem Besteck einen Millimeter vor den Lippen ist, Kauen mit geschlossenem Mund, nie auf den Teller schauen – eine Regel, die mir offen gestanden etwas obskur erschien. Dabei erzählte er mir vom legendären Galantara, von Scarpelli und Petrolini. Später fuhren wir mit seinem Wagen in die Druckerei. Ich hatte mir Wildlederhandschuhe gekauft, um die Fahnen anfassen zu können, und hatte ein eigenes Tischchen mit einer kleinen verstellbaren Lampe. Die Druckerei befand sich in einem riesigen Kellerraum, der vom Dröhnen der Rotationsmaschinen widerhallte. Dort blieb ich bis zum Morgengrauen und war glücklich.

Hatte sich dein kultureller Horizont inzwischen verändert?

Eines Tages brachte Marcello Marchesi aus Mailand ein Buch mit, ›Die Verwandlung‹, das so anfängt: »Als Gregor Samsa eines Morgens aus unruhigen Träumen erwachte, fand er sich in seinem Bett zu einem ungeheuren Ungeziefer verwandelt.« Das Unbewußte – bei Dostojewski Territorium auch sehr mitreißender und erregender Untersuchungen und Diagnosen – wurde hier zum Gegenstand der Darstellung selbst, wie in den geheimnisvollsten, verschlüsseltsten Fabeln, Mythen und Legenden. Aber während in diesen das undifferenzierte, metaphysische kollektive Unbewußte zutage kommt, ist es hier der individuelle Schattenbereich, der persönliche Untergrund, den der große prophetische Dichter mit jüdischer Genialität unvermittelt in eisiges, bleiernes, tragisches Licht taucht. Kafka hat mich tief beeindruckt. Ich war betroffen von der ihm eigenen Art, die mysteriöse Seite, die Unergründlichkeit der Dinge, das Labyrinthische an ihnen darzustellen, das Alltägliche, das magische Bedeutung gewinnt.

Auf Koinzidenzen ganz anderer Art stieß ich dagegen in den amerikanischen Romanen von Steinbeck, Faulkner,

Saroyan. Das war endlich das Leben, wie es wirklich war – sinnlich, abenteuerlich, pulsierend. Da gab es keine Paraden, Uniformen, kollektiven Riten, keine kriegerische und triumphalistische Rhetorik, aber dafür ein echtes Gefühl für die Leute, für ihre täglichen Kämpfe und ihre Triebe. Eine undefinierbare Ahnung von Freiheit, von endlosen Straßen, die sich durch ein unermeßliches Land ziehen, von üppigen Landschaften ohne Horizont, die etwas Heiliges, Heroisches an sich haben wie in den Filmen von John Ford. Der amerikanische Film und die amerikanische Literatur waren für mich ein und dasselbe – das wahre Leben, das in gloriosem Gegensatz zum makabren Vitalismus der Parteibonzen stand, die schwarzgekleidet durch Feuerringe sprangen, das Individuum, das über das Kollektiv siegte. Als dann die letzten amerikanischen Filme verschwanden und die Botschaften aus jenem Kulturkreis unvermittelt ausblieben, erkannten wir daran besser als an anderen Dingen, daß Krieg war.

Wir sind in den Jahren 1941–43. Da warst du zwanzig. Ist damals ein politisches Bewußtsein in dir erwacht?

Bis der ›Marc'Aurelio‹ als regierungsfeindlich verboten wurde, deckte sich mein Protest mit jener speziellen Art von Impertinenz, wie sie ein von Kirche und faschistischem Regime erzogener Student aus der Provinz an den Tag legt. Die einzigen Gedanken, die vielleicht etwas mit Freiheitsbewußtsein und folglich mit Auflehnung gegen die einengende politische Konditionierung zu tun hatten, wurden in mir wach, als eine kleine Rubrik im ›Marc'Aurelio‹ verboten wurde, die ich mit meinem Vornamen zeichnete. Es handelte sich um Briefe, die ein junges Mädchen seinem Verlobten an die Front schickt. Bei der dritten Folge griff Pavolini ein. Er ließ mich zusammen mit Direktor De Bellis zu sich kommen und erklärte ziemlich wütend, diese Verlobte sei eine kleine Heulsuse, die den tapferen Frontsoldaten nur demoralisiere. Schluß mit der Serie! So bekam ich zum ersten Mal die Stumpfsinnigkeit und Absurdität der Zensur zu spüren. Ich machte jedoch eine persönliche Angelegenheit daraus und verstand es nicht, das Problem zu verallgemeinern und auf eine nationale Ebene zu heben.

Der Anwalt Lissia, De Bellis, Vincenzo Rovi – der Bruder von Achille Campanile, der mit Rovi zeichnete, weil ihn der Bruder, wie er sagte, ruiniert [von ital. rovi-nato, d. Ü.] hatte –, und noch ein paar andere, darunter auch Longanesi, diskutierten aber in der Redaktion des ›Marc'Aurelio‹ jeden Abend bis spät in die Nacht hinein über Politik. Oft trafen sie sich auch mit der Redaktion von Tommaso Monicellis ›Omnibus‹, deren Räume neben den unseren lagen. Auf diese Weise lernte ich Pannunzio, Benedetti, Flaiano und Landolfi kennen. Sie redeten und redeten, und ich saß da und hörte zu, während ich für das EIAR [Ente Italiano Audizione Radiofonica, ital. Rundfunkanstalt während des Faschismus, d. Ü.] kleine Texte schrieb. Ich muß – leider, ohne zu erröten – gestehen, daß ich glaubte, alles, was sie da sagten, beträfe mich überhaupt nicht. Ich vermochte mir einfach nicht vorzustellen, was wir hätten tun sollen. Und auch wenn ich einsehen konnte, daß man sich auflehnen und konspirativ verhalten mußte – wie hätten wir die Revolte organisieren sollen? Die Gesichter von Longanesi, Tommasino Smith, Flaiano und Marafini – der an Adolphe Menjou erinnerte – wirkten so gutmütig, sympathisch, lustig und vertraut, daß sie wirklich nicht zu meiner vielleicht etwas konventionellen Vorstellung von Verschwörern paßten. Und doch waren sie es vielleicht, wer weiß. Flaiano jedenfalls hat mit mir nie darüber gesprochen.

Hattest du Angst vor dem Krieg?

Nein. Aber nicht, weil ich besonders mutig wäre. Eher schon, weil ich den Krieg nie in seiner Grausamkeit, seinem Schrekken und mörderischen Wahnsinn kennengelernt habe. Um diese vielleicht etwas leichtfertig wirkende Antwort näher zu erläutern, muß ich wieder auf die politische Konditionierung meiner Generation zurückkommen. Schon im Kindergarten war der Krieg derart zum Mythos erhoben und herbeigewünscht worden ... das einzig mögliche Leben schien das im Krieg. Kirche und Faschismus haben uns jahrelang den Mythos vom Römertum, vom Kruzifix, von Golgatha eingehämmert, vom Leben, das nichts gilt; wir sind überschüttet worden mit Begriffen und Parolen wie Heldentum, Opfer für das Vaterland, Kriegsversehrte, unbekannte Soldaten, besser einen Tag als Held gelebt ... vivere non est necesse sed pugnare oder so ähnlich ... Ein dauerndes, betäubendes Delirium der Verneinung des Lebens in seinen angenehmen, bescheidenen, alltäglichen Aspekten: »Es lebe der Krieg! Wer für das Vaterland stirbt, hat genug gelebt! Viva Sparta!«

Wie sollte man durch diesen schaurigen Nebel etwas anderes erkennen? Der Krieg schien ein lange verheißenes Fest, das nun endlich begonnen hatte. Ich allerdings tat alles, um nicht eingeladen zu werden, und indem ich Ärzte bestach und die geheimnisvollsten Krankheiten simulierte, ist mir das auch gelungen. Drei Tage lang war ich sogar in einem Irrenhaus, in Unterhosen und mit einem Handtuch auf dem Kopf, wie ein Maharadscha. Dann wurden die italienischen Militärärzte durch deutsche ersetzt, und der immer wieder verlängerte Genesungsurlaub, dem ich es verdankte, daß ich mich drei Jahre lang heraushalten konnte, schien unwiderruflich seinem Ende zuzugehen. Ein Deutscher mit Säuferblick händigte mir einen Packen Formulare aus und sagte, ich solle mich »unmittelbarunverzüglich« [im Original deutsch] zu meinem Regiment in Griechenland begeben – ich begriff, daß ich mich beeilen sollte –, aber da – genau in dem Augenblick, als er das Wort ›unverzüglich‹ ausgesprochen hatte – brach die Hölle los. Die Amerikaner bombardierten Bologna, auch das Hospital wurde getroffen, und ich raste los wie ein Pferd, ohne Schuhe und über und über mit Kalk und Staub bedeckt. Ich rannte die Säulengänge entlang, die voller Leute waren, die alle brüllten und weinten und sich auf die Knie warfen, während die Sirenen der Sanitätswagen heulten und die Erde in heftigen Stößen erzitterte. Seit jenem Tag habe ich nie wieder etwas von meinem Gestellungsbefehl gehört. Aber schreib das vielleicht besser nicht, man kann ja nie wissen. Ich möchte nicht, daß es irgendeinem General in den Sinn kommt, meinen Status als Landser zu überprüfen...

1943 hast du Giulietta Masina geheiratet, und 1944 hast du an dem Film ›Rom, offene Stadt‹ mitgearbeitet. Wie bist du an dieses Drehbuch gekommen?

Das Drehbuch ist zu mir gekommen. Ich glaubte, mit dem Kino sei es auch aus und vorbei. Italien war befreit worden, und alles war in der Hand der Amerikaner – Zeitungen, Rundfunk, Zeitschriften. In den Kinos wurden nur amerikanische Filme gezeigt, zur großen Freude des Publikums, das die Stars des einzig wahren Films, der ihm Spaß, Träume, Zerstreuung und Abenteuer brachte, nie vergessen hatte. Wen hatten wir denn schon? Besozzi, Viarisio, Macario, Greta Gonda (die mir jedoch ausgezeichnet gefiel; auch Leda Glori fand ich sehr gut). – Wie sollten wir da mit Clark Gable, Gary Cooper, den Marx Brothers, Charlie Chaplin und all den anderen wunderschönen Stars, ihren Drehbuchautoren und Regisseuren konkurrieren können, die jetzt alle wieder-

an den Wartesaal eines Bo
hübsche Verkäuferinnen,
und oft mußte unser Lac
rennen, um verzweifelt die
zuwinken, die ihren Sitz g
brauchten dann nur mit lei
Bogen zu drehen, und sch
dige, flinke Riesenkerle bei
Unrecht zu fragen oder sic
war, blindlings auf jeden e
kam. Guasta, Scordia, Can
uns immer rechtzeitig unte
zati aber, dessen Ansehen h
lichkeit beruhte, hat des ö
mit dem Gummiknüppel
vielleicht auch wegen sei
Fettwanst, der auf die schw

Sie neigten zur Handgr
waren fast immer betrunke
und hatten einen Sinn für
Wenn sie sich als Karika
Stunde lang, mitten auf d
bogen sich vor Lachen...
uns aber nicht nur das H
amerikanischen Alliierten
doppelt so hoch war wie v
Corned Beef, Beans & Veg
kunterbunten, in Wachspa
rikanischen Zigaretten, die
Arm einer Frau. Wenn wi
Finger gekriegt hätten, dan
wir nie siegen würden.

dells erinnerte. Wir hatten bild-
lie drei Sprachen beherrschten,
enjunge schnell über die Straße
Wagen der Military Police herbei-
enau gegenüber hatte. Ihre Jeeps
gestellten Sirenen langsam einen
on drangen vier, fünf geschmei-
ıns ein, die ohne nach Recht oder
ı zu erkundigen, was vorgefallen
ıschlugen, der ihnen in den Weg
erini, De Seta und ich flüchteten
die Tische, Mimí Forges Davan-
uptsächlich auf seiner Unbeweg-
teren ein paar ordentliche Hiebe
uf seinen weichen Hut gekriegt,
er Ähnlichkeit mit dem bösen
arzen Lastenträger einpeitscht.
iflichkeit, unsere Modelle, und
ı, aber sie waren auch großzügig
Humor, der uns neuen Mut gab.
ır sahen, lachten sie eine halbe
r Straße blieben sie stehen und
evor sie hinausgingen, legten sie
norar auf den Tisch – das sie in
Lire beglichen und das immer
langt –, sondern zusätzlich noch
tables, Dosenbier und dann jene
ier verpackten Stangen mit ame-
sich so weich anfühlten wie der
die schon vor dem Krieg in die
ı wäre jedem klar geworden, daß

Und mitten in diesem Tohuwabohu hat dich eines Tages Rossellini besucht...

Ganz blaß, mit seinem spitzen, kleinen Kinn, den Schlapphut schief auf dem Kopf, stand er still und leise da, mit neugieriger, nachdenklicher Miene. Vielleicht überlegte er, ob es sich für ihn lohnen würde, mein Kompagnon zu werden, oder ob er nicht doch bei dem Vorhaben bleiben sollte, das ihn zu mir geführt hatte. Er wollte mich nämlich auffordern, zusammen mit Sergio Amadei das Drehbuch zu einem Kurzfilm über das Leben von Don Morosoni zu schreiben – die erste Fährte zu ›Roma città aperta‹. Aber diese Dinge habe ich ja schon viel zu oft erzählt...

Da kommt ein interessanter Charakterzug von dir zutage: Du hast immer Angst, dich zu wiederholen, und bildest dir ein, alle wüßten schon alles über dich. Vielleicht ist es aber auch nur deine Bequemlichkeit. Sag uns wenigstens, wie du mit Tullio Pinelli gearbeitet hast.

Von morgens bis abends, als ob ich ins Büro ginge. Morgens kam ich zu ihm nach Hause, und wir schrieben die Drehbücher zu den wichtigeren Filmen, am Nachmittag kam er dann zu mir, und abends arbeiteten wir dann jeder in der eigenen Wohnung an den Filmen für kleinere Regisseure: Materazzo, Righelli, Franciolini. Ein paar von diesen Regisseuren waren dann doch gar nicht so klein. Righelli zum Beispiel war ein überaus intelligenter Mann, der faszinierend erzählen konnte. Mit seinem durch das Monokel vergrößerten Auge und seiner schönen, tiefen, neapolitanischen Stimme erzählte er mir von Matilde Serao, Salvatore di Giacomo und ließ ein märchenhaftes Neapel lebendig werden, das Bagdad glich oder Wien unter Franz Joseph. Unsere Reiseschreibmaschinen auf den Knien, hörten Pinelli und ich gebannt zu, und zur Belohnung zog sich Hochwohlgeboren Gennaro Righelli am Schluß die elegante Samtjacke aus und band sich ein Kellnerinnenschürzchen um. Dann ging er in die kleine Küche seines Appartements im ›Hotel Milano‹ und verkündete, daß es nun an der Zeit sei, ein paar Spaghetti ›alla sciuè-sciuè‹ zuzubereiten. Eines Tages kam plötzlich der Produzent Colamonici herein. Wir erstarrten mit halb erhobenen Gabeln. Seit fünf Monaten bezahle er nun die Hotelrechnung, brüllte er wütend, und habe noch keine Zeile gesehen. Zum Glück war er gerade nicht ganz auf der Höhe...

Als Drehbuchautor hatte ich es sehr schön; ich war für rein gar nichts verantwortlich, auch weil alles, was man geschrieben hatte, von anderen wieder und wieder umgearbeitet wurde. Bei einer guten Stelle im Film konntest du dann immer sagen, sie sei von dir. Beim Drehbuch zu ›Documento Z 3‹ waren wir zu acht. In dem schönen Haus von Alfredo Guarini, wo wir uns zu versammeln pflegten, tranken wir nur Whisky, aßen Eis und rauchten wie die Schlote. Manchmal tauchte Isa Miranda in dem Qualm auf und brachte eine Torte, und Patti oder Zavattini oder Piero Tellini – ich glaube, Brancati war auch dabei – standen auf und sagten: »Gehen Sie nur her, Signora, wir machen das schon.« Guarini blickte uns mit seinem großen, samtenen Auge liebevoll an, und wenn er sich dem Sessel näherte, in dem ein berühmter Komödienschreiber schlummerte, strich er ihm sanft über den Kopf und bat uns, weniger Lärm zu machen...

Und wie bist du dann vom Drehbuchschreiben zur Regie gekommen?

Ich schloß mich Roberto Rossellini an, als er ›Paisà‹ drehte. Roberto und ich waren Freunde geworden. Nach dem triumphalen Erfolg von ›Roma città aperta‹ bat er Sergio Amadei und mich erneut, am Drehbuch zu seinem neuen Film mitzuarbeiten. Als ich ihn bei der Arbeit sah, war mir, als entdeckte ich zum ersten Mal mit plötzlicher Klarheit, daß es möglich ist, einen Film mit der gleichen Privatheit, Direktheit und Unmittelbarkeit zu machen, mit der ein Schriftsteller schreibt oder ein Maler malt. Die ganze Maschinerie hinter dir, dieses Babel aus Stimmen, Rufen, Bewegungen, Kränen, Scheinwerfern, Kostümen, Helfern und Megaphonen, die mir so feindlich, ausufernd und vergewaltigend erschienen war, wenn ich als Drehbuchautor in irgendein Filmstudio gerufen wurde, um mir eine Szene anzusehen oder einen Dialog umzuschreiben; diese komplizierte Umständlichkeit, die an eine Truppe im Manöver erinnert und die mir den unmittelbaren Kontakt zum Ausdruck immer verstellt, gleichsam verdeckt hatte, wurde bei Rossellini aufgehoben, ausgelöscht, in den Hintergrund gedrängt. Er bannte sie zum geräuschvollen und notwendigen Rahmen um einen Freiraum, in dem der Filmkünstler seine Bilder komponiert, nicht anders als ein Zeichner, der auf einem weißen Blatt seine Zeichnungen macht. Bei ›Paisà‹ fehlte zwar die lästige Undurchschaubarkeit des Filmstudios, da der Film ganz und gar draußen, in der Wirklichkeit, gedreht wurde, doch das Chaos war hier noch größer, denn es gehörte zu den Straßen, den Städten, der Realität, in der wir uns bewegten. Und es war wirklich einzigartig, wie Rossellini sich hinstellte und in sein Megaphon brüllend eine Großaufnahme von einem Neger machte, während hinter unserem Rücken die Panzer vorbeifuhren und Tausende von Neapolitanern aus den Fenstern schrien, ihre Waren verkauften, weinten und sich gegenseitig beim Namen riefen.

Wenn Kino so war, wenn man es in dieser heiteren, unbefangenen Art machen und wie ein ununterbrochenes

Happening zwischen dem Leben und der Darstellung des Lebens genießen konnte, dann hatte ich den Eindruck, daß es auch meinem Wesen entsprach, daß es nicht anders war als Zeichnen oder Schreiben. Die Mühen, Schwierigkeiten und immer neuen Versuche, die du auf dich nehmen mußt, bis genau die Idee ausgedrückt ist, die du im Kopf hast, sind hier wie dort die gleichen.

Sah ich Rossellini nicht genau in dieser Weise arbeiten? Instinktiv, vorurteilslos, kaum erpreßbar von theoretischen Kodifizierungen, von eisernen und leeren Konventionen, eben weil er seinen, nur ihm eigenen Stil, die Genauigkeit seines eigenen Ausdrucks verfolgte. Man denke nur an das wunderbare Finale von ›Paisà‹ mit den Deutschen, die in den Sümpfen des Po die Partisanen aus dem Boot stoßen. Der Kameramann Martoni raufte sich die Haare: »Das geht nicht, es ist nicht mehr hell genug!« Rossellini aber mußte unbedingt nach Rom zurück, weil er wieder in wer weiß was für einer Klemme steckte – vielleicht verfiel ihm ein Packen Wechsel, oder er hatte ein Rendezvous mit irgendeinem schönen späten Mädchen. Und so gestaltete er schimpfend und fluchend eine außergewöhnliche Idee: Mit zwei Kameras drehte er die Szene aus der Totalen, ohne jedes Detail. Die Sequenz gewann eine unerbittliche Wirkungskraft. Man sieht die Partisanen nicht hinunterstürzen, man hört nur, wie sie ins Wasser plumpsen, einer nach dem anderen. War ihm dieses Finale nur gelungen, weil er fertig werden, abhauen, nach Rom eilen wollte, oder war das Gegenteil der Fall? Hatte er die notwendigen Voraussetzungen, den Zustand der Reibung geschaffen, in dem der Funken überspringt, das Feuer entzündet und den Nebel auflöst, der die Idee, die exakte Wiedergabe jener Stimmung, ihren rigorosesten, reinsten und unter unzähligen Möglichkeiten vielleicht einzig wahren Ausdruck umschlossen hielt? Vielleicht könnte man behaupten – und manch ein Kritiker hat das auch getan –, Roberto habe dieser mysteriösen Kombinatorik übermäßig Vorschub geleistet und sie schamlos, allzu systematisch provoziert. Dennoch scheint mir, daß ich die Fähigkeit, nie das Gleichgewicht zu verlieren, und die Kunst, Hindernisse und widrige Bedingungen in emotionale Fakten, in ein Gefühl, einen Gesichtspunkt zu verwandeln, von ihm gelernt habe.

Aber als ›Paisà‹ in die Kinos kam, ist es von den wenigsten verstanden worden.

Ich erinnere mich, daß es sehr herabsetzende, oberflächliche, zum Teil wirklich niederträchtige Kritiken gab. In einer Zeitung habe ich einen Satz gelesen, der ungefähr so lautete: »... der umnachtete Geist des Regisseurs hellt sich in keiner einzigen der sechs langen Episoden auch nur für einen Augenblick auf.« Dabei ist es ein großartiger, wunderschöner Film, feierlich wie ein gregorianischer Gesang, karg und bewegend. Ich habe ihn vor einiger Zeit noch einmal gesehen, und wieder hat er die gleiche Ergriffenheit in mir hervorgerufen wie an jenem Abend vor vielen, vielen Jahren, als ich in der Stille und Dunkelheit eines kleinen Zimmers in Neapel Rossellini traf, der gerade am Schneidetisch arbeitete. Er war bleich, zwirbelte seine Haare und blickte starr auf den kleinen Schirm am Schneidetisch, wo in einer ersten, annähernden Montage die Episode mit den Mönchen lief. Die Bilder waren stumm, man hörte nur das Surren der Spulen, und ich sah wie verzaubert zu. Was ich sah, schien mir von jener Leichtigkeit, jener geheimnisvollen Grazie und Schlichtheit zu sein, wie sie im Film nur ganz, ganz selten erreicht worden sind.

Du sprichst mit rührender Begeisterung von ›Paisà‹ und von Rossellini. Ich habe den Eindruck, daß jene Monate für dich und deine Entwicklung von entscheidender Bedeutung waren.

Die ›Paisà‹-Reise bedeutete für mich die Entdeckung Italiens. Bis dahin hatte ich noch nicht viel gesehen: Florenz, Rom und das eine oder andere Dorf in Süditalien, als ich mit dem Avanspettacolo [Vorprogramm; Varietédarbietung vor der Vorführung des Films, d. Ü.] unterwegs war – kleine, verschlossen wirkende Ortschaften in einer mittelalterlichen Nacht, ähnlich denen, die ich als kleiner Junge in der Umgebung von Rimini im emilianischen Appenin gesehen hatte. Nur der Dialekt war anders. Und bei dieser erregenden, mitreißenden Entdeckung meines Heimatlandes wurde mir auch klar, daß Kino einem wunderbarerweise die Möglichkeit zu einem großartigen Doppelspiel eröffnet: Du erzählst eine Geschichte und erlebst, während du erzählst, selbst eine andere, abenteuerliche Geschichte mit Leuten, die genauso ungewöhnlich und manchmal sogar noch faszinierender sind als die in deinem Film. Von diesen Leuten kannst du dann im nächsten Film erzählen, in einer Spirale aus Dichtung und Wahrheit, aus Beobachtung und Kreativität. Du bist gleichzeitig Zuschauer und Schauspieler, Puppenspieler und Puppe, Berichterstatter und Ereignis, wie die Leute vom Zirkus, die in derselben Arena leben, in der sie ihre Kunststücke vorführen, in den Wagen, mit denen sie auf Reisen gehen.

›Paisà‹ war ein wesentliches Abenteuer in meinem Leben. Es war wunderbar, nach Abschluß einer Episode aufzubrechen, im Lastwagen loszufahren und nach neuen Plätzen zu suchen. Einmal irrten wir von morgens bis abends im schlammigen Podelta umher, auf der Suche nach einer Hütte namens ›Baracca Pancirli‹, an die Rossellini sich erinnerte, weil er sie als Kind vor dreißig, fünfunddreißig Jahren einmal gesehen hatte. Wir hatten uns einem Einheimischen anvertraut, der über einem Auge eine schwarze Binde trug. Wie es hieß, hatte er eines Nachts auf dem Besitz einer Gräfin Aale mopsen wollen, und die hatte ihm vom Fenster aus eine Schrotladung verpaßt. Dieser Einäugige, der auch ein bißchen hinkte, schleppte uns den ganzen Tag durch Schlamm und Wasser, ohne die Hütte wiederzufinden. Als dann die Sonne unterging, warf er sich vor Rossellini auf die Knie und forderte ihn auf, ihm ins andere Auge zu schießen. Wir hatten aber keine Gewehre und nichts dabei, und dann fing Rossellini an zu lachen. Und nun war er derjenige, der die ganze Truppe vorwärtsriß und unbedingt noch drehen wollte, in einer Landschaft, die aus einem Film von Kurosawa hätte stammen können. Die Lastwagen versackten immer wieder im Schlamm, und die großen, schwarzen Vögel über uns flogen immer tiefer. Es gab spannungsgeladene Augenblicke: Die Träger wollten umkehren, und Rossellini stieg auf einen Jeep, hielt eine Ansprache und versprach allen eine Pinte Rum. Es wurde Abend, wir wußten nicht mehr, wo wir waren und was wir in diesem endlosen Sumpf sollten. Plötzlich tauchte ein vielleicht dreijähriger Bub aus dem Röhricht auf und sagte im venezianischen Dialekt: »Ich bin Sozialist!« Dann führte er uns flugs zur Baracca Pancirli, die kaum zwei Schritte entfernt war, ganz in der Nähe der Stelle, wo wir am Morgen aufgebrochen waren.

Wir aßen Aale, die lebendig zerschnitten und auf einem Reisigfeuer gebraten wurden. Es war bereits Nacht – wie in der ›Anabasis‹ von Xenophon.

Du gehst nicht oft ins Kino, das ist bekannt. Aber welches sind die Regisseure – oder Filme –, die dich im internationalen Panorama am meisten interessieren?

Die Gewohnheit, ins Kino zu gehen, habe ich von einem Tag auf den anderen aufgegeben. Ich habe keine überzeugende Erklärung dafür. Im übrigen war ich auch in meiner Jugend kein eifriger Kinogänger. Mich fesselten die Kinoplakate, die großen Photos, die in den Geschäften auf dem Corso die Filme ankündigten, die demnächst auf dem Programm standen. Ich genoß es vielleicht mehr, mir den faszinierenden Ritus auszumalen, der sich im Kinosaal abspielen würde, als selbst daran teilzunehmen. Das ›Kino‹ in Rimini hieß ›Fulgor‹, aber das habe ich ja schon in beinahe allen meinen Filmen erzählt. Dort, im Vorraum, hängt jetzt eine große Photographie von mir. Ich hänge da, genau über der Kasse, und manchmal denke ich, daß die Leute nach einem Film, der ihnen nicht gefallen hat, auch auf mich ein bißchen böse sind und mir beim Hinausgehen enttäuschte Blicke zuwerfen. Vor vielen, vielen Jahren stand dagegen der Kinobesitzer neben der Kasse. Er war überzeugt, der Doppelgänger von Ronald Colman zu sein. In Wirklichkeit sah er ihm nicht sonderlich ähnlich, ein klein wenig vielleicht, wenn er sich in die Brust warf und sein Hut einen Schatten auf das eine Auge warf – aber auch dann nur, wenn er ganz still dastand und eine Zigarette zwischen den Fingern hielt, ein wenig rechts unterm Kinn, so daß der Rauch schnurgerade aufstieg. Das wußte er ganz genau, und so stand er reglos, fast ohne zu atmen, zwischen Eingang und Kasse, wo hinter dem kleinen Fensterchen seine Frau saß und die Eintrittskarten abriß. Sie stillte dabei ihr Kind und bedeckte Busen und Baby mit einem großen, geblümten Schal. Darunter hörte man es saugen, und ab und zu drangen Schreie wie von einem Tukan drunter vor.

Die Filme, die er in seinem Kino vorführte, sah er sich ein paar Tage vorher in Bologna an, und wenn er zurückkam, tat er sehr geheimnisvoll: »Ah, ich verrate nichts!« sagte er immer, dann aber gab er uns klar und deutlich zu verstehen, daß er in Bologna Zeuge außerordentlicher Ereignisse geworden war. Dabei wackelte er heftig mit dem Kopf hin und her und stieß eine Reihe immer lauter werdender »Donnerwetter, Donnerwetter!« aus. Wir, wie auf Kohlen: »Stirbt sie?« – »Sie stirbt, die alte Aubergine!« grölte er, wobei er ein bißchen von seinem Aplomb à la Ronald Colman verlor. Bewundernd und voller Neid blickten wir ihn an: »Und wann kommt Jean Harlow?« – »An Weihnachten ist sie da!« kündigte er sehr selbstsicher an. »Und Wallace Beery?« – »Anfang Januar – vielleicht. Ich weiß nämlich noch nicht, ob ich ihn überhaupt kommen lasse.«

An einem Sonntagmorgen stand ich hinter einem Vorhang und habe gesehen, wie er fast im Dunkeln ganz allein im Parkett saß, auf die weiße Leinwand starrte und dabei still eine Zigarette rauchte.

Und die Frau des Apothekers, die ins ›Fulgor‹ ging, um sich betatschen zu lassen? Sie sah sich die Filme drei-, viermal nacheinander an, und die jungen Burschen veranstalteten ein großes Ringelreihen um sie herum. Auch wir Jüngeren wagten das große Abenteuer und rutschten, von einem Sitz auf den anderen wechselnd, langsam immer näher zu ihr hin. Sie aber schaute keinen an, rauchte langsam durch die Maschen ihres Hutschleiers und spitzte dabei ihre vollen Lippen. Mit nahezu schielenden Augen blickte sie starr auf die Leinwand, während wir uns keuchend und mit heftig pochendem Herzen eifrig an ihren Schenkeln zu schaffen machten.

Dann war da noch Baghino, der im Dunkeln hinter den Vorhängen stand, um auf das geringste Zeichen von Widerwillen in den Gesichtern der Zuschauer zu lauern, wenn in der Wochenschau der Duce erschien. Dann lief er zur Partei, zum Fascio und steckte es ihm. Einmal haben sie ihn zu viert in den Vorhang eingewickelt, an den Knöcheln und über dem Kopf zugebunden und wie einen aufgehängten Lachs baumeln lassen. Da drinnen stieß er wilde Schreie aus, aber keiner hatte den Mut, aufzustehen und ihn zu befreien.

Ich würde gern einen Film über das ›Fulgor‹ machen und alles erzählen, was in diesem Kino passiert ist, wo in den Jahren des Faschismus jene leuchtenden Schatten auf der Leinwand faszinierende Geschichten erzählten von einem reicheren, freieren, glücklicheren und lustigeren Land, wie es Amerika ist, und eine ganze Generation geprägt und zum Teil auch beschützt haben.

Meine ersten Filme habe ich also im ›Fulgor‹ gesehen. Und welches war der allererste? Ich erinnere mich noch ganz genau daran, denn ein Bild daraus hat sich mir so tief eingeprägt, daß ich in allen meinen Filmen versucht habe, es nachzuahmen. Der Film hieß ›Maciste all'inferno‹. Ich habe ihn auf dem Arm meines Vaters gesehen, der mitten im Gedränge stand. Die Leute hatten alle patschnasse Mäntel an, denn draußen regnete es. Ich erinnere mich an ein Riesenweib mit nacktem Bauch. Ihr Nabel und ihre häßlichen Augen waren mit leuchtenden Farben geschminkt. Mit einer gebieterischen Bewegung ihres Arms zauberte sie um Maciste, der ebenfalls halbnackt war und einen Knüppel in der Hand hielt, einen lodernden Feuerkreis. Dann an Greta Garbo, leichenblaß und mit fächerartigen Wimpern; wenn sie sie über die Augen senkte, flüsterte meine Mutter jedesmal: »Wie gut sie das macht!« Auch an Masticabrodo, Tom Mix, Rin-Tin-Tin und Chaplin erinnere ich mich. Chaplin brachte uns in manchen Filmen zum Weinen, trotz seiner spitzen Nagezähnchen, die ihn nicht ganz so sympathisch erscheinen ließen. Überaus sympathisch war dagegen der tollpatschige, bärtige Kerl, der hinter ihm her lief und dabei das Gipsbein nachzog. Unser Chemielehrer am Gymnasium glich diesem ›Giacomone‹ aufs Haar, und wenn im ›Fulgor‹ ein neuer Chaplin-Film angelaufen war, wurde der nächste Tag in der

Schule zum Fest. Frech wie wir waren, verlangten wir von diesem Lehrer, er solle für uns die Grimassen von ›Giacomone‹ nachmachen, wenn ihm etwa die Lampe auf den Kopf fällt, oder die noch komischeren, wenn Chaplin ihm mit dem Hammer auf die Finger haut. Mehr geschmeichelt als verärgert bewegte er dann mit rasender Geschwindigkeit seine Augenbrauen auf und nieder, die so dick wie Würste waren, und blies sich auf die Finger, auf die mein Banknachbar einschlug, der Chaplin hervorragend imitieren konnte. Wir applaudierten begeistert und warfen unsere Wörterbücher in die Luft. Eines Tages jedoch kam er ins Klassenzimmer und tat, als sei nichts geschehen – aber er sah aus, als sei er nackt, denn Bart und Schnurrbart waren weg, und auch die Augenbrauen sahen sehr gelichtet aus. Anscheinend hatte ihm der Direktor, um das Ansehen der Schule besorgt, unumstößliche Bedingungen gestellt: entweder verschwinden Bart und Schnurrbart oder der ganze Professor.

Du schweifst schon wieder ab. Meine Frage hast du aber noch nicht beantwortet – welche Filme haben dich am meisten beeindruckt?

Ich muß beschämt gestehen, daß ich die Klassiker des Kinos nie gesehen habe. Murnau, Dreyer, Eisenstein habe ich nie gesehen, auch später nicht, als ich in Rom wohnte und vielleicht ein bißchen häufiger ins Kino ging – allerdings nur, wenn es ein Vorprogramm gab. Viele Filme habe ich hinter der Leinwand gesehen, zusammen mit irgendeiner Tänzerin auf einem Koffer sitzend, die, in ihren Bademantel eingewickelt, mit hochgereckter Nase, einen Cappuccino und ein Maritozzo [Hefegebäck, d. Ü.] in der Hand, gerührt die ergreifenden Geschehnisse in ›Voce nella tempesta‹ verfolgte.

Aber um auf deine Frage zurückzukommen, möchte ich sagen, daß es viele Regisseure waren, die mich im Kino in Staunen und Erregung versetzt haben; ich habe ihnen alles geglaubt, was sie erzählten. Der großartige Kurosawa zum Beispiel, mit seinen rituellen, magischen, einer faszinierenden Zeremonie gleichenden Filmen. Einmal sollten wir zusammen einen Episodenfilm machen, bei dem auch Bergman dabei sein sollte. Kurosawa schrieb mir aus Japan einen wunderschönen Brief voller Bücklinge und liebenswürdiger Artigkeiten. Aus dem Film ist dann aber nichts geworden. Bergman kam mir vor wie ein älterer Bruder, der ernster und vielleicht unglücklicher, vielleicht aber auch weniger unglücklich ist, denn sein Unglück scheint mir in der gnadenlosen Auseinandersetzung mit seinen Phantasmen gleichsam erstarrt. Wer weiß, wer am Schluß die Oberhand behält? Aber einstweilen sind da ja seine Filme, die das ganze Spiel aufs schärfste regeln.

Mir gefielen die Marx-Brothers, die ihre Filme selbst schrieben, Stan und Ollie, zwei Auguste voller Unschuld. Was mich bei Buster Keaton immer beeindruckt hat, ist seine distanzierte, unvoreingenommene Art, die Dinge, die Menschen, das Leben zu sehen – die mit der romantischen, sentimentalen Anschauung Chaplins mit ihrem sozialkritischen Einschlag in nichts zu vergleichen ist.

John Ford – das ist Kino in Reinkultur: rauh und unverbildet. Mir gefällt das Kraftvolle an ihm, seine unbewehrte Einfachheit, die jedweder sterilen, abstrusen kulturellen Meditation entbehrt. Das ist einer, der den Film geliebt und für ihn gelebt hat und der aus dem Film ein Märchen für alle, aber mehr noch ein Märchen für sich selbst gemacht hat. Rossellini muß ich natürlich auch nennen. Dank seiner stets wachen, klarsichtigen, leidenschaftlichen Hingabe an die Realität und seinem Vermögen, spontan einen unverwechselbaren und unantastbaren Standpunkt zwischen gleichgültiger Distanz und plumper Anbiederung einzunehmen, ist es ihm gelungen, die Realität in allen ihren Bereichen einzufangen und festzuhalten, die Dinge gleichzeitig von innen und von außen zu sehen, die Atmosphäre um sie herum zu photographieren und die ungreifbaren, verborgenen und magischen Seiten des Lebens aufzudecken. Auch Kubrick, Orson Welles, Huston, Losey und Truffaut gefallen mir und, daß ich nur ja keinen vergesse, auch Visconti, Hitchcock, Rosi, Lean ... An Antonioni bewundere ich das nüchterne, keusche Verhältnis, das er zum Film hat, wie ein gelehrter Mönch. Aber um ganz ehrlich zu sein, muß ich sagen, daß mir auch gewisse ›007‹-Filme ganz ausgezeichnet gefallen. Denn unter der lackierten Oberfläche, hinter der brillanten Verkettung abenteuerlicher Geschehnisse hört man das alarmierende, entsetzliche, beängstigende Rascheln einer Welt der Käfer – unserer eigenen Welt. Faszinierend und schrecklich wie sie sind, gelingt es diesen Filmen nicht selten, in einer glorios konventionellen Form die – wenn auch nur partielle, verzerrte und vielleicht verrückte – Botschaft des Menschen von heute einzufangen. Dann ist da noch Buñuel; von ihm habe ich nur einen einzigen Film gesehen, aber der hat mich begeistert und mir Lust gemacht, alle seine Filme zu sehen. Es war ›Der diskrete Charme der Bourgeoisie‹ – ein großartiger, zauberhafter Film!

Über deine Filme hast du oft und ausführlich gesprochen. Ich will dich auch nicht nötigen, dich zu wiederholen. Aber einen Augenblick möchte ich doch darauf eingehen. Du hast immer wieder gesagt, daß du deine Filme nie mehr ansiehst. Dennoch – was für eine Beziehung hast du zu ihnen? Wie siehst du diese ›Familie‹ heute?

Mir kommt es vor, als hätte ich immer denselben Film gedreht: Bilder, nichts als Bilder, die ich immer mit den gleichen Mitteln gefilmt habe, vielleicht jedesmal aus einem anderen Blickwinkel.

Die Beziehung, die ich zu meinen Filmen habe, entwickelt sich nach und nach, während der Film wächst und seiner Vollendung entgegengeht. Diese Beziehung wiederholt sich immer wieder und gilt für alle meine Filme. Eines schönen Tages ist der Film, an dem du gerade arbeitest, fertig, auch wenn die Dreharbeiten noch nicht abgeschlossen sind. In die Filmstudios, die deine gewesen sind, kommen andere Schauspielergruppen, andere Sets werden aufgebaut; du empfindest ihre Anwesenheit als unbefugtes Eindringen, als Entweihung, als Sakrileg: Sie sind ›Störenfriede‹. Die Arbeit ist zu Ende; alles zerstreut sich und löst sich auf. Unterdessen aber kommt etwas, das ein bißchen wie ein neuer Anfang ist: die Phase der Montage. Die Beziehung zum Film wird privat, persönlich. Nun kann ich das Durcheinander, die Fremden, Besucher, Freunde, die während der Aufnahmen schlecht und recht das nährende Magma bilden, nicht mehr gebrauchen. Ich muß mit ihm, dem Film, und dem Cutter allein sein. Dann kommt schließlich die erste Vorführung im Saal. ›Er‹ verläßt den kleinen Bildschirm des Schneidetischs, wo er sanfte und freundliche Züge hatte, und macht sich auf dem normalen Format der Leinwand breit. Nun hat er bereits Autonomie erlangt; die Bilder sind die seinen – diejenigen, die er sich anzueignen gewußt hat und die, mit denen ich ihn bedrängt habe. Ist das noch dein Film? Erkennst du ihn wieder? Sein Gesicht ist halb das eines Erpressers, halb das eines Bruders. Eine Nabelschnur hält uns noch zusammen, es ist an mir, sie zu durchtrennen. An diesem Punkt beginne ich mich von ihm zu entfernen, ihn zu meiden, keine Lust mehr zu verspüren, ihm ins Gesicht zu blicken. Das Magma, aus dem ich ihn herausholen wollte, hat sich gesetzt, und mein Interesse an ihm schwindet nun rasch. Ich mache ihn fertig, sicherlich; mit immer größerer Pedanterie, um mich immer mehr von ihm zu distanzieren. Aber ohne die widersprüchliche Freundschaft oder die komplizierte Solidarität von früher.

Wenn der Film dann wirklich fertig ist, verlasse ich ihn voll Verdruß. Nie habe ich mir einen meiner Filme in einem öffentlichen Kino noch einmal angesehen. Eine Art Scham befällt mich, es geht mir da wie einem, der nicht mit ansehen will, wie sein Freund Dinge tut, mit denen er nicht einverstanden ist.

Wenn ich sage, daß ich meine Filme nicht mehr anschaue, daß ich sie nie wieder gesehen habe, dann ernte ich sogar bei dem einen oder anderen meiner Freunde ein ungläubiges Lächeln. Und doch ist es so. Vielleicht sind meine Filme weder fern noch nah, sie sind bei mir, sind ich selbst, und deshalb brauche ich keine jährlichen Bestätigungen und Kontrollen. Sie vor mir zu haben, auf der Leinwand oder im Fernsehen, ruft in mir eine Art von Schrecken hervor, so, wie wenn du auf der Straße gehst und in einem Schaufenster oder Spiegel eine Gestalt erblickst, die dich ansieht, und du erschrocken erkennst, daß du es selbst bist.

Schön und gut; aber das war keine Antwort auf meine Frage. Ich sehe schon, es widerstrebt dir wirklich sehr, über deine einzelnen Filme zu sprechen. Ich will dir daher eine Art Spiel vorschlagen: Ich nenne einen Titel, und du sagst mir, was dir dazu einfällt, woran du dich erinnerst – wie bei einem Assoziationstest. Fangen wir also an: ›Lichter des Variété‹.

Die fahle Dämmerung. Die Warterei auf die ›Fahle Dämmerung‹ und Peppino De Filippo, der im Stall des großen

Gehöfts, wo wir uns alle versammelt hatten, vom Neapel seiner Kindheit erzählte; vom Teatro San Carlino, von Antonio Petito, dem legendären Pulcinella, genannt der Verrückte Totonno, von Scarpetta, von De Marco, genannt Mfrù, und dem anderen De Marco – Gustavo –, dem Lehrer von Totò. Eine pikareske Welt voller Glanz und Lumpen, voller Abenteuer à la Till Eulenspiegel, Pinocchio und Don Quixote. Fabelhafte Geschichten über geniale Schauspieler, wie es sie nie wieder geben wird, einmalige Inkarnationen. Wir hörten gebannt zu, und dieser herrliche Hanswurst hatte selbst auch seinen Spaß an seinen Geschichten und feixte genauso arglistig wie die Strolche und Flegel aus seinen Erzählungen. Bis plötzlich einer von der Produktion hereingestürzt kam und schrie: »Die fahle Dämmerung ist da! Alle raus! Da ist sie!«

›Fahle Dämmerung‹ hieß es im Drehbuch, und alle, auch die ungebildetsten Kapos, hatten diesen etwas poetischen Ausdruck übernommen. Tagelang schüttelten sie mit übertrieben sorgenvoller Miene den Kopf und sagten zu Lattuada oder mir: »Du wirst sehn, heut früh wird's wieder nichts mit der fahlen Dämmerung! Letzten Monat hatten wir ne ganze Menge davon.« Die ›fahle Dämmerung‹ war ein ›Gegenstand‹ wie das Proviantpaket oder die Schienen für den Kamerawagen geworden, etwas Handgreifliches, das beschafft und benutzt werden konnte. An solche Geschichten erinnert man sich als Filmemacher eigentlich am liebsten, ja es sind sogar die einzigen, an die man sich erinnert: der plötzliche Wolkenbruch, die Atmosphäre einer buchstäblich ins Wasser gefallenen Landpartie, wenn jeder versucht, sich ins Trockene zu flüchten – unter einen Baum, in den Lastwagen der Beleuchter. Die Schlauesten fallen – vage an plündernde Soldaten erinnernd – mit gutmütiger Unverschämtheit in einen Bauernhof ein und fordern die Bauern auf, ihnen doch schnell ein paar Rühreier zu machen.

Diese Ungeniertheit, das beiläufige Interesse oder, liebenswürdiger ausgedrückt, die spielerische Art, mit der wir vom Film Menschen und Dinge behandeln, als sei die ganze Welt ein einziger Set, der zu unserer Verfügung steht, eine unerschöpfliche Requisitenkammer, in die man nur hineinzugreifen braucht, ohne um Erlaubnis zu fragen – das alles ist Teil der berufsbedingten Entfremdung und Abstumpfung. Da sind wir dem Maler ähnlich, für den die Gegenstände, Gesichter, Häuser und der Himmel nichts als Formen sind, über die er verfügen kann. Für das Kino wird alles zum grenzenlosen Stilleben, sogar die Gefühle der anderen sind eine Sache, über die man verfügen kann. Es ist ein Delirium, ein nahezu göttlicher Machtrausch, und dieses Gefühl, das Abenteurer, Räuber, Eindringlinge und Störenfriede zusammenschweißt, schafft unverbrüchliche Verbundenheit und ewige Freundschaften – jedenfalls so lange die Arbeit an einem Film wie ein magisches Band alles zusammenhält. Kaum aber ist der letzte Scheinwerfer erloschen und die Reise zu Ende, sinkt auch die Temperatur der Freundschaft, der Verliebtheit rasch ab; es herrschen wieder Distanz und Gleichgültigkeit, man kennt sich fast nicht mehr, bis zum nächsten Film, zu dem wir uns alle wieder in die Arme fallen, mit Begeisterungsschreien und einer wahren Flut von Erinnerungen.

Und was kannst du mir zum ›Weißen Scheich‹ sagen, dem ersten Film, den du allein gemacht hast?

In den Jahren danach, während der Vorbereitungen zu ›Satyricon‹, ›Roma‹ und ›Casanova‹ mit ihrer komplexen und schwierigen Produktionsmaschinerie, habe ich oft sehnsüchtig an den ›Weißen Scheich‹ zurückgedacht. Ich hätte ihn gern noch einmal gemacht, mit der jetzigen Erfahrung und

Distanz und mit dem Verlangen, spielerischer mit der Erzählung und ihren Personen umzugehen. Ich habe ja schon oft gesagt, daß ich nicht daran dachte, Regisseur zu werden. Nach ›Lichter des Variété‹ – dessen Erfolg ziemlich lau war – war ich überzeugt, ich würde mich noch wer weiß wie lange in jener Vorhölle der Drehbuchschreiberei aufhalten – ein Gelände, eine Dimension, die mir eher zu entsprechen schien, weil man hier – es handelte sich ja immer um Gemeinschaftsarbeit – jeder Verantwortung und jedweden echten Engagements ledig war und ein leisetreterisches, schuldloses Dasein fristen konnte.

Der erste Drehtag war ein einziger Reinfall – ich habe nicht eine Einstellung gedreht. Nichts ist schwieriger und entmutigender, als mit der Kamera in einem Boot auf offenem Meer zu stehen und zu versuchen, den kleinen Kahn mit den Schauspielern im Bild zu behalten. Das Meer ist wie ein riesiger Rücken, der sich ständig bewegt; du paßt einen Augenblick nicht auf, und wenn du wieder in die Kamera schaust, hast du nichts mehr im Bild als den Horizont und die Sonne, die dich blendet.

An jenem Morgen – meinem ersten Morgen als Regisseur – war ich schon bei Morgengrauen aus dem Haus gegangen, nachdem ich mich ein wenig aufgeregt von Giulietta verabschiedet und die leicht skeptischen Glückwünsche der Haushälterin entgegengenommen hatte, die an der Tür stand und immer wieder sagte: »Aber so wird er vor Hitze umkommen!« Denn obwohl es bereits Sommer war, hatte ich mich so angezogen, wie es sich für einen Regisseur gehört: Pullover, Stiefel, Gamaschen, um den Hals eine Sonnenbrille und ein Trillerpfeifchen, wie es die Schiedsrichter beim Fußball haben.

Rom war menschenleer. In den Straßen, an den Häusern und Bäumen forschte ich nach einem günstigen, glückverheißenden Omen – und siehe da, ein Sakristan öffnet das Portal einer Kirche, als hätte er auf mich gewartet. Ich erliege einer eingewurzelten Unterwürfigkeit, steige aus dem Auto und trete in die Kirche ein. Ich wollte ein Gebet versuchen, einen Hilferuf gen Himmel schicken, mich seines Beistands würdig machen – man kann ja nie wissen. Merkwürdigerweise – es war ja früher Morgen – war die Kirche hell erleuchtet, und in der Mitte stand ein Katafalk mit Hunderten von Kerzen mit unbewegt-geraden Flämmchen. Neben dem Sarg kniete ein glatzköpfiger Mann und weinte in sein Taschentuch. Ich rannte schleunigst zum Auto zurück und machte dabei Hörner nach allen Seiten, von den Füßen bis einen Meter über dem Kopf.

Die Episode, die du eben erzählt hast, will ich zum Anlaß für eine Frage nehmen, die ich dir eigentlich schon hatte stellen wollen: Was für ein Verhältnis hast du zur Religion?

Ich wollte, ich könnte dir kurz und bündig antworten, ohne auf die üblichen Geschichten zu kommen, wie ich als kleines Kind in den eisigen Korridoren der Salesianer und in den riesigen Schlafsälen, in denen nur eine kleine rote Lampe brannte, von Angst und Schrecken gepeinigt wurde. Das Lämpchen stand über einer Öffnung, die so finster war wie das Tor zur Hölle und hinter der eine ungeheure Treppe in andere Korridore und Säle voller riesiger Porträts von Bischöfen führte. Ganz hinten war eine kleine Tür, durch die es direkt in die Kirche ging, wo wir Kinder einmal in der Woche noch vor der Morgendämmerung in tiefster Dunkelheit niederknien und einzeln mit lauter Stimme unsere Sünden bekennen mußten. Wenn ich anfange, davon zu erzählen, finde ich kein Ende, denn zumindest in der Erinnerung gefällt mir diese bedrohliche, angsteinflößende, manchmal wirklich schauerliche Atmosphäre ganz ausgezeichnet. Wenn ich aus der Ferne daran zurückdenke, ist der Katholizismus keine schlechte Religion. Er hält dich in ständiger Angst vor etwas, das immer auf der Lauer liegt, dich beobachtet und dir nachspioniert. Wenn die Religion den Menschen auf der einen Seite von seiner Angst befreit, so erzeugt sie diese auf der anderen Seite sehr wirkungsvoll. Die Mythen aller Kulturen sprechen von der Angst vor den Göttern. Gott muß also etwas Schreckliches sein, etwas, das einem Angst einflößt, weil es verborgen und unbekannt ist, und so ist es auch richtig, daß einen alles, was man nicht kennt, zurückschrekken läßt.

Ich glaube, ich bin von Natur aus religiös, weil die Welt und das Leben für mich von Geheimnis umhüllt sind. Und auch wenn ich nicht von Kindesbeinen an im Bann dieses mystischen Gefühls gestanden wäre, das sich auf das ganze Dasein projiziert und alles unerkennbar macht, hätte mich mein Beruf wohl von selbst zu einem religiösen Empfinden geführt. Ich träume etwas oder überlasse mich mit offenen Augen irgendeiner Phantasie, dann unterzeichne ich einen Vertrag und schaffe es, mit ein bißchen Holz, zwei schönen Mädchen und ein paar Scheinwerfern diesem Hirngespinst Gestalt zu verleihen. Alle können es sehen, wie ich es gesehen habe, während ich schlief oder einfach an nichts dachte. Wer weist uns den Weg bei unserem kreativen Abenteuer? Wie konnte es überhaupt zustande kommen? Doch nur durch das Vertrauen in etwas oder in jemanden, der sich in dir verbirgt: Jemand, den du kaum kennst, der sich hin und wieder meldet, ein versteckter und wissender Teil von dir hat sich an deiner Stelle an die Arbeit gemacht und bei der mysteriösen Operation mitgewirkt. Du hast diesem unbewußten Teil von dir geholfen, indem du ihm vertraut, ihm nicht gewehrt, die Sache ihm überlassen hast. Dieses Gefühl des Vertrauens kann man, glaube ich, als religiöses Empfinden bezeichnen.

Überheblichkeit, Besserwisserei, Egoismus, die Sucht, alles dies genau zu ergründen und eine falsche Art von Bildung führen oft dazu, daß dieses Vertrauen blockiert wird, sich zurückzieht und verschwindet, und fast immer ist dann das, was man zustande bringt, weniger befriedigend.

Und wie steht es mit der katholischen Kirche?

Diese Frage solltest du Mohammed oder Luther oder dem Oberhaupt einer anderen Kirche stellen. Was soll ich dir darauf antworten? Ich habe dir ja schon gesagt, daß sie mir gefällt, und wie hätte ich mir auch eine andere Religion aussuchen können, wo ich doch in Italien geboren bin? Mir gefallen ihr Prunk, ihre unwandelbaren, hypnotischen Darbietungen und aufwendigen Inszenierungen, die düsteren Gesänge, der Katechismus, die Papstwahl und der grandiose Pomp der Leichenbegängnisse. Ich bin dankbar für all die Beschädigungen, Obskuritäten und Tabus, die ein unermeßliches dialektisches Material, die Voraussetzungen für belebende Rebellionen, gebildet haben; und der Versuch, sich von all dem zu befreien, gibt dem Leben einen Sinn.

Aber abgesehen von diesem ganz persönlichen Werturteil kommen der Kirche die gleichen Verdienste zu wie jeder anderen Gedankenschöpfung, die uns vor dem glühenden Magma des Unbewußten schützen will. Die katholische Lehre ist, genau wie der Islam oder der Hinduismus, ein intellektuelles Gebäude, das einen Verhaltenskodex aufstellt, mit dem es uns einen Kompaß, eine Orientierungshilfe an die Hand geben will, die uns in das Mysterium des Lebens führen soll; ein geistiges Modell, das uns vor den Schrecken eines Daseins ohne Sinn bewahren kann.

Ich muß noch hinzufügen, daß ich mich – vielleicht auf Grund einer fernen Erinnerung – unwiderstehlich zur katholischen Kirche hingezogen fühle, war sie doch die hervorragendste Erzeugerin von Künstlern, gestrenge Mutter und wachsame, großzügige Auftraggeberin exklusiver Meisterwerke. Es mag zwar ein bißchen lächerlich erscheinen, sich De Laurentiis in Kardinalsgewändern vorzustellen, aber mir gefällt der Gedanke, daß die Produzenten – genau wie die Verleger – unverdienterweise eine Art Investitur ererbt haben und daß es nun mal das Los des Künstlers ist, vom Brot des Großherzogs, des Fürsten und des Papstes zu leben. Manche Künstler leben ihre Freiheit eben lieber im festgesetzten Rahmen eines Auftrags aus, auch weil sie sich auf diese Weise ihrer Schuldgefühle enthoben fühlen können, indem sie beispielsweise eine Kreuzigung malen. Der Vertrag, den ich mit dem Produzenten unterschreibe, ersetzt für mich das weiße Gewand des Papstes...

Wie betest du?

Ich sehe schon, die Fragen werden immer feierlicher und bekommen einen inquisitorischen Beigeschmack. Fängt der Prozeß jetzt an? Ich will trotzdem versuchen, dir eine Antwort zu geben. Ich glaube, jedem passiert es – manchmal mehr als einmal am Tag –, daß ihm, und sei es auch in der Form eines Fluchs, eine leise Beschwörung über die Lippen kommt, damit die Angelegenheit, die ihm auf dem Herzen liegt, ein gutes Ende nehmen möge. Aber ein Gebet ist das vielleicht doch nicht. Vielleicht kommt es einem Gebet, oder zumindest meiner Art zu beten, schon näher, wenn ich in ganz besonders schwierigen Situationen, aus denen ich keinen Ausweg mehr finde, ganz plötzlich aufhöre, mich zu quälen und die Sache von mir schiebe, als ginge sie mich gar nichts an. »Soll sich doch jemand anders darum kümmern«, denke ich, »irgend jemand, ich weiß nicht, wie ich da herauskommen soll.« Und gewöhnlich löst sich dann das Problem.

›I Vitelloni‹ – was fällt dir zu ihnen ein?

Die Vitelloni von hinten, auf jenem Landungssteg, der weit ins Meer hinausführt, in ein graues, winterliches Meer unter einem dichten, wolkenverhangenen Himmel; mein Bruder, der seinen Hut mit der Hand festhält, damit der Wind ihn nicht fortweht, und der Schal von Leopoldo Trieste, der in Moraldos Gesicht flattert; der Lärm der Brandung und die Schreie der Möwen. Auch ich war zuletzt bezaubert von dieser Einstellung des Films, die wie ein Symbol, wie ein Poster wirkt. Dann das Gesicht von Achille Majeroni, der die Rolle des alten, pathetischen homosexuellen Schauspielers spielt, der auf Leopoldo, den Intellektuellen unter den Vitelloni, scharf ist.

Majeroni, Febo Mari, Gustavo Giorgi, Moissi – das waren die Namen, die in schnörkeliger Handschrift quer über große Photos geschrieben waren, auf denen ernste Gestalten mit funkelnden Augen, bitterem Lächeln, herrischem Profil und langem, wallendem Haar zu sehen waren. Einigen, wie beispielsweise Achille Majeroni in den ›Gespenstern‹, fiel das Haar bis auf die Schultern. Diese majestätischen, romantischen Gesichter tauchten eines Wintermorgens – gewöhnlich war es kurz vor Karneval – ganz plötzlich an Häusermauern, hinter den Fensterscheiben des Café Commercio, auf der Piazza, am Bahnhof auf und blickten wie unerreichbare Gottheiten von da oben auf uns herab, ohne uns zu sehen. Ein kaum angedeutetes Lächeln verhieß uns, daß sie uns – vielleicht – leibhaftig besuchen würden. Ein göttliches Geschenk für unsere armselige, verschlafene, vergessene kleine Stadt.

Ich hielt sie wirklich für übernatürliche Wesen, für eine

andere Rasse, und das Hotel ›Leon d'Oro‹, das sie für ein paar Nächte beherbergte, nahm die mythischen Dimensionen des Olymp an. Neidvoll blickten wir auf den Hotelportier, der sie aus der Nähe sehen, mit ihnen sprechen, ihnen die Schlüssel aushändigen durfte. Ich konnte mir nicht vorstellen, wie das Leben eines Schauspielers außerhalb der Bühne oder der weißen Kinoleinwand aussehen mochte. Einmal hatte ich das Glück, Majeroni vor der Theke der Konditorei Dovesi stehen zu sehen, mit einem großen weißseidenen Halstuch und einem perlgrauen weichen Hut. Kreidebleich, mit fast geschlossenen Augen, im Gesicht noch leichte Spuren von Schminke, schlürfte er mit einem Strohhalm eine dampfende Flüssigkeit aus einem kleinen Glas mit silbernem Henkel. Mandarinenpunsch, wie uns später der Ober verriet.

Von Majeronis Leben außerhalb der Bühne konnte ich mir also schon eine gewisse Vorstellung machen, aber wo gingen all die anderen Schauspieler hin, wenn der große rote Vorhang die Wunderdinge auslöschte, die ich erblickt hatte, und im Saal die unfreundlichen Lichter angingen und unsere armseligen Alltagsgesichter beschienen? Dieses vage Gefühl, daß ihr Leben unwirklich sei, habe ich im Umgang mit den Schauspielern bis heute, und ich finde das auch gar nicht schlecht. Bei meiner Arbeit kann es mir nur nützen. Ich habe den Eindruck, sie so besser zu verstehen, auf einer geheimeren Ebene mit ihnen übereinzustimmen. Ich habe nie Probleme mit Schauspielern gehabt, mir gefallen ihre Fehler, ihre Eitelkeit, ihre neurotischen Züge, ihre bisweilen kindliche, bisweilen leicht schizoide Psychologie. Ich bin ihnen sehr dankbar für alles, was sie für mich tun, und bin immer ein bißchen erstaunt, wenn die unfaßbaren Phantasmen, mit denen ich im Reich der Phantasie monatelang zusammengelebt habe, nun lebendig, in Fleisch und Blut vor mir stehen, reden, sich bewegen, rauchen und tun, was ich ihnen sage, den Filmtext sprechen, genau wie ich es mir vorgestellt hatte, als ich sie nach und nach erschuf.

Die Komiker halte ich für Wohltäter der Menschheit. Was für ein wunderbarer Beruf, den Leuten Heiterkeit, Spaß und gute Laune zu schenken, sie zum Lachen zu bringen! Mit einem so liebenswürdigen Schicksal wäre ich auch gerne geboren! Stan Laurel, Keaton, Oliver Hardy, Chaplin – das waren meine Idole. Was waren Greta Garbo, Gary Cooper und Clark Gable schon dagegen! Keiner durfte es wagen, sie mit dem Talent und der Bravour meiner wunderbaren Narren zu vergleichen. Die Begegnung mit den Marx Brothers traf mich wie ein Blitz. Irgendwie habe ich es sogar fertiggebracht, die Marx Brothers in einem Klassenaufsatz unterzubringen, in dem es um die Freier ging, die sich im Palast des Odysseus eingenistet hatten, während er auf den Meeren umherirrte. Unerschrocken hielt ich dem perplexen, halb bestürzten, halb angewiderten Blick des Italienischlehrers stand, der seine Brille in die Stirn schob und mich fixierte.

Auch die Unbedeutenderen wie die Ritz-Brüder, Abbott Costello, Ben Turpin mochte ich – allein die Tatsache, daß sie Komiker waren, stellte in meinen Augen ein Verdienst dar und war der Grund für meine absolute Vorliebe für sie. Als kleiner Junge bildete ich mir ein, ein bißchen wie Harold Lloyd auszusehen. Ich nahm die Gläser aus der Brille meines Vaters heraus und setzte sie mir auf, um ihm noch mehr zu gleichen.

Mit welchen Schauspielern hättest du gerne gearbeitet? Gibt es einen, den du gerne auf dem Set gehabt hättest und den du aus irgendeinem Grund nicht kriegen konntest?

Ich wähle den Schauspieler immer nach der entsprechenden Filmgestalt aus, und wenn ich den nicht finde, dann nehme ich lieber einen, der das richtige Gesicht für diese Rolle, für diesen Typ hat, auch wenn es mich dann ein bißchen Mühe kostet, ihn so weit zu bringen, daß er ganz natürlich sich selbst spielt. Ich habe immer mit den Schauspielern gearbeitet, die ich haben wollte; aber ich will deine Frage als Aufforderung zum Träumen nehmen und die Erstbesten nennen, die mir einfallen: Mae West mit ihrem ungehörigen Gang und dem runden Gesicht eines kleinen, gefräßigen Mädchens, das kaum gesättigt, nur noch gieriger wird; Groucho Marx und Harpo. Auch Benigni ist ein reizvoller Typ, der toskanische Stenterello, witzig und respektlos, ein kecker, kleiner Pierrot, lunar und irdisch zugleich, der in jede Dimension eintreten und sogar Plautus und die Märchen von Andersen glaubwürdig machen könnte. Für mich ist er von allen Komikern der neuen Generation der originellste und begabteste, derjenige, der am ehesten zu einer echten, stilisierten und konkreten Figur werden könnte.

De Sica, Vittorio De Sica – ach, da fällt mir ein, daß ich für die Rolle in den ›Vitelloni‹, die dann Majeroni übernommen hat, zunächst an ihn gedacht hatte. Eigentlich war es gar nicht meine Idee, sondern die des Produzenten Pegoraro, der mich mit flehenden Augen ansah: »Nicht ein Name ist dabei! Sie, Fellini, haben gerade eine finanzielle Katastrophe wie den ›Weißen Scheich‹ hinter sich. Bei Sordi laufen die Leute davon. Und Leopoldo Trieste, auf den Sie sich schon wieder versteift haben, ist ein Niemand! Kommen Sie mir doch wenigstens ein bißchen entgegen und nehmen Sie De Sica für diese Rolle! Überreden Sie ihn, gehen Sie zu ihm hin und sprechen Sie mit ihm – ruinieren Sie mich nicht!« Dabei ließ er schluchzend den Kopf auf die Tischplatte sinken und barg ihn in seinen Armen.

Also ging ich eines Nachts – es war im Winter – auf die Suche nach De Sica, der gerade ›Stazione Termini‹ drehte.

Wir hatten uns für nach Mitternacht verabredet, in einem Erste-Klasse-Waggon, der auf einem toten Gleis in weiter Ferne von den Bahnsteigen stand. Mühsam mußte man über nassen Schotter und vom Nebel feuchte Schienen laufen, in der Angst, jedes kleine Licht in der Dunkelheit könne ein einfahrender Zug sein. Das Männchen, das vor mir herlief, sprach mit mir, ohne sich umzudrehen, in einem Ton, als führe es mich zum Papst persönlich. Es wollte als erster in den Waggon steigen, um mal nachzusehen, denn es hätte ja sein können, daß Hochwohlgeboren gerade schlief, und dann hätte man warten müssen, bis er aufwachte: »Ich könnte ja ein Steinchen an die Scheibe werfen.« Aber das war gar nicht nötig. De Sica in seinem stockfinsteren Waggon Erster Klasse war wach und bedeutete mir freundlich, einzutreten. Ich hatte ihn noch nie aus der Nähe gesehen. Er hatte genau den silbernsamtenen Charme wie in seinen Rollen. Auch die sanfte, leicht gurrende Stimme war die gleiche. Wie Totò vermochte De Sica jene vage Unnahbarkeit auch im Leben aufrecht zu erhalten, die manche Geschöpfe unerreichbar, wie verzaubert erscheinen läßt, als sähe man sie in der magischen Tiefe eines Spiegels. Er war höchst sympathisch, als wäre es sein Beruf, seine Philosophie, sympathisch zu sein: Seid sympathisch, und vieles wird euch verziehen. De Sica war auch dann noch sympathisch, als ihn sein ›Amt‹ als italienischer Dichter des Kriegs, der Trümmer und des Elends verpflichtete, in nachdenklicher Reglosigkeit zu verharren und seiner Stimme den Tonfall bitterer Erkenntnis zu geben.

Im Dunkel des Abteils saß ich ihm in einer unwirklichen, gedämpften Atmosphäre gegenüber und erzählte ein bißchen aufgeregt von der Rolle, die ich ihm anbieten wollte. Ein großer dramatischer Schauspieler, sagte ich, der einst berühmt war, jetzt aber – vom Leben zu harten Kompromissen gezwungen – in einer kleinen Varietétruppe rezitiert.

»Eines Nachts nun kommt diese kleine Revuetheatertruppe in ein abgelegenes, kleines Provinznest. Ein junger Mann, der voller Träume und literarischer Ambitionen steckt, bittet den heruntergekommenen, berühmten Schauspieler, ihm eine seiner Komödien vorlesen zu dürfen, und der Schauspieler willigt ein.« De Sica lächelte beifällig und voller Sympathie und murmelte irgendwas über die jungen Leute. Ermutigt erzählte ich weiter, bis ich zu der Szene kam, wo der lüsterne Alte dem unschuldigen, komödienschreibenden Vitellone seine Absichten enthüllt. De Sica, der vielleicht für den Bruchteil einer Sekunde eingenickt war, setzte wieder sein wohlwollendes Lächeln auf; dann schien er plötzlich zu kapieren und fixierte mich überrascht und bestürzt: »Willst du damit sagen, daß er andere Neigungen hat, daß er andersherum ist?« Dann, nach kurzem Zögern, beinahe mit Flüsterstimme: »Schwul?« Ein wenig verlegen nickte ich mit dem Kopf. Ziemlich lange herrschte Schweigen. De Sica blickte aus dem Fenster, kein Laut war zu hören. »Aber«, sagte er schließlich und sah mich ernst an, »menschlich ist er?« – »Zutiefst menschlich!« beeilte ich mich zu erklären. De Sica bewegte nun auf seinen Lippen kauend den Kopf in stiller Zustimmung auf und ab; dann stellte er mit seiner wohltönenden, singenden Stimme noch einmal fest: »Schwule können nämlich sehr menschlich sein, menschlicher als wir ahnen.« – »Oh ja«, sagte ich, »ohne Zweifel!«

Ehrerbietig kam in diesem Augenblick jemand von der Produktion herein und teilte mit, daß die Beleuchtung fertig und die Schauspieler auf der Szene seien. De Sica erhob sich, rückte den Schal um seinen Hals zurecht, reichte mir seine schöne, weiche, warme Hand und sagte: »Bravo, eine schöne Rolle. Gefällt mir. Treffen Sie eine Verabredung mit meinem Anwalt. Wir werden darüber reden. Aber daß er nur ja menschlich ist!«

Aus Gründen, an die ich mich jetzt nicht erinnere, konnte De Sica dann doch nicht verpflichtet werden, und vielleicht war es auch besser so. Denn die Figur, wie De Sica sie dargestellt hätte, wäre zu sympathisch, zu faszinierend, zu amüsant gewesen, und das Publikum hätte die Bestürzung und die Flucht Leopoldos – als ihn der alte Schauspieler auf der dunklen Strandpromenade mit süßer Stimme dazu bewegen will, ihm an einen noch abgelegeneren und einsameren Platz zu folgen – vielleicht gar nicht begriffen oder gar mißbilligt.

Welchen Rat würdest du einem jungen Menschen geben, der Schauspieler werden will?

Ich weiß wirklich nicht, was ich dem jungen Schauspieler sagen sollte. Gewöhnlich blicke ich ihn schweigend an – noch viel verlegener als er. Ich glaube, ich bin der Allerungeeignetste, wenn es darum geht, Ratschläge und Hinweise zu geben oder Methoden, Verhaltensweisen, Regeln zu empfehlen. Im allgemeinen folge ich bei meiner Arbeit keiner bestimmten Methode, und anderen kann ich erst recht keine anbieten. Auch die Art und Weise, wie ich meine Schauspieler auswähle, ist etwas eigentümlich. Denn wenn ich darangehe, einen Darsteller für eine Gestalt aus einem meiner Filme auszusuchen, dann zieht mich – bei aller Sympathie, Hochachtung und Komplizenschaft, die mich seit jeher mit den Schauspielern verbindet – nicht seine Tüchtigkeit im üblichen Sinne von Talent oder beruflichem Können an, genausowenig, wie mich bei einem Laien sein Mangel an Erfahrung abhält. Für mich muß die Gestalt mit dem Darsteller übereinstimmen. Ich gehe auf die Suche nach Gesichtern, die beim ersten Erscheinen auf der Leinwand alles von sich sagen. Ich bin sogar bestrebt, ihre Merkmale noch zu unterstreichen, sie mit Hilfe von Schminke und Kostümierung hervorzuheben, genau wie dies bei Masken geschieht, bei denen ja auch von Anfang an alles klar ist: Verhalten, Schicksal, Psychologie. Die Wahl eines Darstellers für die Figur, die ich im Kopf habe, hängt von seinem Gesicht ab, von dem, was es mir mitteilt und auch von dem, was ich dahinter erahnen, erraten, erkennen kann. Ich zwinge den Darsteller nicht, in eine Haut zu schlüpfen, die nicht die seine ist, ich lasse ihn lieber das ausdrücken, was er ausdrücken kann. Für mich ist das Ergebnis dabei immer positiv; jeder hat das Gesicht, das ihm gebührt, ein anderes kann er nicht haben; und alle Gesichter sind immer richtig, denn das Leben irrt sich nicht.

Und was für eine Beziehung hast du über die Gesichter der Schauspieler hinaus zum Material, mit dem du arbeitest? Erzähl doch einmal von der handwerklichen Seite deiner Arbeit, von der Art und Weise, wie du die Elemente der Phantasie in Bilder umsetzt, wie du ›einen Film machst‹, um den Titel eines deiner Bücher wieder aufzugreifen.

Da fragst du mich nach Berufsgeheimnissen, die ich gar nicht habe, jedenfalls nicht in dem von dir angedeuteten Sinn eines Programms, einer Rezeptur oder Dosierungsanweisung. Nicht alles läßt sich immer auf alchimistische Formeln, auf arithmetische Zutatenkombinationen zurückführen, die die Gewähr für die richtige Mischung, die wirksame Dosis bieten. Nicht daß ich den schöpferischen Akt in Geheimnis hüllen wollte – wie es oft in der abgedroschensten Weise getan wird –, aber es ist – mir jedenfalls – einfach nicht möglich, eine erschöpfende, verbindliche Antwort zu geben. Hätte es denn einen Sinn, wenn ich in meinem Gedächtnis kramen und ein genaues Verzeichnis davon aufstellen würde, wieviele Meter Stoff, wieviele Bretter, Nägel, Latten, Kostüme und geschminkte Gesichter erforderlich waren, um das vage, flüchtige und gerade wegen seiner Unbestimmtheit zauberhafte Bild, das mir als Anhaltspunkt diente, in eine Filmszene umzusetzen? Und all die anderen tausenderlei Umstände, die diese Umwandlung möglich gemacht haben? Die Bewegungen, Massen, Perspektiven, die mit bestimmten Dialekten gefärbten Stimmen, der Rhythmus, die musikalischen Motive, Brennweiten, das Spiel mit Licht und Schatten, Hell und Dunkel und wer weiß wievielen anderen Elementen, Spannungsmomenten, stimulierenden Zweifeln, Erschütterungen und Begeisterungen? Ich müßte versuchen, ein Traktat zu schreiben, mich auf Herz und Nieren prüfen, mit manischer Gewissenhaftigkeit in mich blicken – und dann? Selbst wenn es mir gelänge, mir alles ins Gedächtnis zu rufen, was bei einer ganz bestimmten Einstellung zusammengewirkt hat – die unfaßbare, unbeschreibliche, mysteriöse Komponente, die unabhängig von meinen Überlegungen und Voraussetzungen, von Talent, gutem Willen und handwerklichem Können letztlich alles zu einem Amalgam verschmelzen läßt, die könnte ich dann ganz gewiß doch nicht ausfindig machen, festhalten und mitteilen. Niemals würde es mir gelingen, jenes Moment magnetischer Aggregation zu benennen, das der ganzen Sache Einzigartigkeit und Glaubwürdigkeit verleiht, ohne das Andeutungshafte und Verführerische, das Symbolhafte meines Traumbilds verlorengehen zu lassen.

Welche Beachtung hast du im Lauf der Jahre den bildlichen Werten in deinen Filmen zugemessen? Und welche den tonlichen?

Wahrscheinlich habe ich mich am Anfang mehr vom erzählerischen Element einer Geschichte leiten lassen und eher paraliterarisches als plastisches Kino gemacht. Später habe ich dann stärker auf die Bilder vertraut, und jetzt versuche ich immer mehr, beim Drehen ganz ohne Worte auszukommen. Erst bei der Synchronisation werden die Dialoge für mich wieder sehr wichtig. Darin unterscheide ich mich von Antonioni, der manchmal – um alles mittels des Bildes auszudrükken – zwanghaft, mit monotoner Unerbittlichkeit, auf den Objekten verharrt. Ich dagegen habe das Bedürfnis, dem Tonlichen die gleiche Ausdruckskraft zu geben wie dem Bild, eine Art von Polyphonie zu schaffen. Deshalb bin ich oft auch dagegen, Gesicht und Stimme ein und desselben Darstellers zu verwenden. Wichtig ist nur, daß die Gestalt eine Stimme hat, die ihr noch größere Ausdruckskraft verleiht. Die Synchronisation ist für mich unerläßlich, sie ist eine musikalische Operation, mit der ich die Bedeutung der Figuren verstärke. Deshalb nützt mir auch die Direktaufnahme nichts. Viele Geräusche bei der Direktaufnahme sind unnütz. Schritte zum Beispiel sind in meinen Filmen fast nie zu hören. Manche Geräusche hört der Zuschauer mit seinem geistigen Ohr, man braucht sie gar nicht hervorzuheben – ja sie stören sogar, wenn man sie wirklich hört. Deshalb ist die Tonspur eine Arbeit, die gesondert zu machen ist, zusammen mit der Musik, wenn alles andere fertig ist.

Das Spiel des Erfindens, die Magie des Schaffens... In dein Streben nach Vollkommenheit spielt auch viel Mystisches hinein.

Das Kino ist eine göttliche Art und Weise, das Leben zu erzählen, dem Herrgott Konkurrenz zu machen! Kein anderer Beruf gibt einem die Möglichkeit, eine Welt zu erschaffen, die der Welt, wie wir sie kennen, aber auch den anderen, unbekannten, parallelen, konzentrischen Welten so nahekommt.

Der ideale Arbeitsplatz für mich ist, wie ich schon oft ge-

gesagt habe, das leere Studio Nr. 5 in Cinecittà. Das leere Studio, ein Raum, den ich füllen, eine Welt, die ich erschaffen kann – das ist es, was mich in totale Erregung, in einen Taumel des Entzückens versetzt.

Das Trübsinnigste und Ödeste ist für mich eine Erholungspause. Ich bilde mir wirklich ein, ein Demiurg zu sein. Mir würde es gefallen, Photos im Ausweisformat zu machen, kleine Porträts von den Leuten oder sonst irgendwas. Ich bin an keinen Stil gebunden, mir sagt jedes Genre zu. Ich liebe meinen Beruf sehr und habe den Eindruck, daß auch alles andere – die Beziehungen zu anderen, vergängliche Gefühle, kurzlebige Alliancen – in diesen Schmelztiegel fließen. Mein Beruf ist für mich das Authentischste in meinem Leben, ich werfe mich auf ihn, ohne mir Fragen zu stellen, ohne zu zaudern oder vom Weg abzuweichen. Ich folge ganz einfach dieser Neigung. Der Höhepunkt der Liebe und der Gipfel schöpferischer Spannung sind ein und dasselbe: ein Mysterium, eine fortwährende Illusion, ein Hoffen, daß dir irgendwann einmal die verheißene große Offenbarung zuteil wird und dir die Botschaft in Feuerschrift erscheint. Im Mythos paart sich der Zauberer mit der Jungfrau. Der Zauberer braucht diese unberührte weibliche Gestalt, um den Akt der Erkenntnis zu vollziehen. In viel bescheidenerer Art und Weise ergeht es auch dem Künstler so, der im Augenblick, in dem er einer Phantasie Gestalt gibt, den Ausdruck mit dem Koitus identifiziert.

Zwischen den ›Vitelloni‹ und ›La Strada‹ hast du ›Eine Agentur für Heiratsvermittlung‹ gemacht, eine der Episoden von ›Amore in città‹. Hast du dir das auch nie mehr angesehen?

Ein Stück davon habe ich nochmal gesehen, eines Abends in einem Café, in dem ich eigentlich nur telephonieren wollte.

In einem Nebenzimmer, das nur vom Licht des Fernsehers erhellt war, saßen ein paar Leute. Den Ton hörte ich nicht, ich sah nur Cifariello, der auf einem grasbewachsenen Deich saß und mit dem komischen und pathetischen Mädchen redete, das bereit war, den Werwolf zu heiraten. Es reizte mich, ganz leise ins Zimmer zu schleichen und mir ein paar Sequenzen dieses Films anzusehen, von dem ich wirklich gar nichts mehr in Erinnerung hatte. Aber da hat einer der Leute, die vor dem Fernseher herumhingen, plötzlich umgeschaltet.

Das Angebot, mich mit einer Episode an diesem Film zu beteiligen, der den Charakter einer Reportage im amerikanischen Stil haben sollte, kam von Cesare Zavattini. Der Produktionsleiter war Marco Ferreri. Schon damals wollte er immer abnehmen und sagte, er brauche kein Proviantpaket. In der Pause aber wanderte er dann wie ein armer Landstreicher vom einen zum andern; jeder gab ihm etwas, und auf diese Weise hatte er am Schluß zehn Proviantpakete verdrückt.

Meine Einwilligung, an diesem Gruppenfilm mitzuwirken, gab ich mit der polemischen Einstellung eines Pennälers, der sich heimlich über den Lehrer lustig machen will. Die ›Vitelloni‹ waren ein großer Erfolg gewesen, die linke Kritik jedoch begann sich schon damals zu distanzieren. Bei aller Zustimmung wurde mir doch vorgeworfen, den Film in ein provinzielles Milieu ohne exakte Konnotate verlegt zu haben. Man beschuldigte mich, zu sehr in der Poesie der Erinnerung zu verharren und es nicht verstanden zu haben, dem Film eine klare politische Richtung zu geben. Jetzt wollte ich denen ein Schnippchen schlagen, die in jenen Jahren deklamatorische Erklärungen über den Neorealismus abgaben mit den verderblichen Folgen, die heute noch zu spüren sind.

Und was wären die verderblichen Folgen der neorealistischen Schule Rossellinis?

Eben die falsche Auslegung des Rossellinischen Neorealismus, die zu dem trügerischen und gefährlichen Schluß führt, Pfusch und Zufälligkeit seien die höchste Pflicht des Filmemachers; das Festhalten um jeden Preis an der Realität als existentiellem, unwandelbarem, unantastbarem, heiligem Geschehen. Persönliche Empfindungen, subjektive Einmischung, das Bedürfnis, eine Auswahl zu treffen, künstlerischer Ausdruck und handwerkliches Können – das alles sind Konditionierungen, die politisch mit der Reaktion im Bunde stehen: Nieder mit den Erinnerungen, den Interpretationen und der vom Gefühl gelenkten Betrachtungsweise, nieder mit der Phantasie, an den Pranger mit dem Autor!

Unbegabtheit, Ignoranz und Trägheit haben für eine begeisterte Aufnahme dieser neuen Ästhetik gesorgt, jeder konnte, ja mußte jetzt Filme machen. Eine Ästhetik der Un-Ästhetik, die meiner Meinung nach einen Gutteil zur heutigen Krise des – italienischen – Kinos beigetragen hat.

Ich dachte mir also ein Heiratsvermittlungsbüro aus, das sich auf dem Speicher eines riesigen, baufälligen Gebäudes eingenistet hatte, und die Geschichte eines Mädchens, das, nur um zu heiraten, sogar bereit war, die Ehe mit einem Werwolf einzugehen. Ich schwörte, alles sei wahr, und als ich die erste Montage meines Films vorführte, sagten die Autoren der Filmreportage voller Genugtuung zu mir: »Hast du gesehen, lieber Fellini, daß die Realität allemal phantastischer ist als die zügelloseste Phantasie?«

Nach diesem Streich kam dann endlich ›La Strada‹. Was, meinst du, hat dieser Film für dich bedeutet, wenn du heute an ihn zurückdenkst?

Mir fällt ein Satz des Kritikers Pietrino Bianchi ein; ich weiß nicht, ob er ihn in seiner Zeitung geschrieben hat oder in irgendeinem Buch mit seinen Rezensionen, oder ob er ihn mir persönlich gesagt hat. Der Film war auf dem Festival von Venedig vorgeführt und mit Zustimmung, ja Begeisterung aufgenommen worden (besonders gelobt wurde er von der französischen Kritik: Umarmungen, Händedrücken. »Ihr Film ist jetzt schon ein Klassiker«, sagte Cayatte, und André Bazin, klein und mager wie der heilige Franziskus, nickte mir wohlwollend zu). Nur beim größten Teil der linken Journalisten stieß er auf totale Ablehnung. In dieser tumultuösen, überschwenglichen, widersprüchlichen Aufnahme, die der Film fand, fiel mir der Kommentar von Pietrino Bianchi besonders auf. »Welch mutiger Film!«, sagte er, und auch heute noch scheint mir, daß sein Urteil, wenigstens zu jenem Zeitpunkt, das treffendste war.

›La Strada‹ war ein Film, der von sehr tiefen inneren Widersprüchen, von Leid, Sehnsüchten und dem Wissen um das Verstreichen der Zeit erzählte – Dingen, die sich nicht auf exakte soziale Probleme und politisches Engagement zurückführen lassen. Im neorealistischen Taumel mußte ›La Strada‹ daher als dekadent und reaktionär gelten und abgelehnt werden. Bianchi hat, wie mir scheint, in meinem Film den Mut erkannt, gegen den Strom zu schwimmen.

Mit ›La Strada‹ sind aber zu viele Erinnerungen verbunden; ich will sie jetzt nicht alle ausgraben, auch weil ich dann – in Anbetracht des außergewöhnlichen Schicksals dieses Films, der mit einer Art von ökumenischem Charisma um die ganze Welt gegangen ist – sofort in peinliche Hagiographie verfallen müßte.

Willst du mir nicht wenigstens erzählen, wie die Idee zu diesem Film entstanden ist?

Wie soll ich auch nur annähernd den Augenblick wieder aufspüren, in dem zum ersten Mal das Gefühl oder, besser gesagt, das Vorgefühl, die Vorahnung dessen in mir aufgetaucht ist, was mein Film einmal sein würde?

Die Wurzeln, denen Gelsomina und Zampano und ihre Geschichte entsprungen sind, reichen in sehr tiefe, dunkle Schichten, die durchsetzt sind mit Schuldgefühlen, Ängsten, mit quälendem Verlangen nach höherer Sittlichkeit und der Trauer um eine verlorene Unschuld. Darüber zu sprechen widerstrebt mir; alles, was ich sagen könnte, erscheint mir unangemessen und nutzlos.

Ganz dunkel glaube ich mich zu erinnern, daß meine Spazierfahrten in der Gegend um Rom, dieses träge Herumgondeln im schaukelnden Automobil, vielleicht die erste flüchtige Vorstellung von den Personen, der Gesinnung und der Atmosphäre jenes Films in mir geweckt haben.

Apropos Auto – jetzt hast du ja, glaube ich, keins mehr, aber früher warst du für dein Faible für Sonderanfertigungen bekannt.

Schon seit etwa zehn Jahren habe ich kein Auto mehr. Eines schönen Tages habe ich mich kurzerhand entschlossen, es abzustoßen. Es war ein wunderschöner Wagen, ein metallicgrüner Mercedes mit zwei Türen, dreifacher Servolenkung und Klappverdeck oder, besser gesagt, einer Luke im Dach, die sich auf Knopfdruck öffnete. Wenn ich wollte, konnte ich sogar im Stehen fahren, oben herausschauen und den Segen erteilen. Eines Tages jedoch, auf einer Kreuzung in Riccione, ist mir ein kleiner, acht-, neunjähriger Bub reingeknallt, der in seinem Topolino – und noch dazu bei Rot – aus einer Straße kam, wo er gar nicht hätte fahren dürfen. Die Leute, die vor dem Café saßen – es war im Sommer –, gaben irrationalerweise und wider jeden Augenschein alle dem Kind recht, auch der Polizist. In diesem Augenblick habe ich den Entschluß gefaßt, mir das Auto vom Hals zu schaffen. Unter den Herumstehenden war auch ein Deutscher. Der hatte gehört, wie die Polizisten meinen Namen nannten, und sagte zu mir, er wolle seiner Frau in Hamburg, die in zwei Monaten Geburtstag habe, ein Geschenk machen. Das Auto des Regisseurs von ›La dolce vita‹, meinte er, sei gerade das Richtige, um höchste Liebe und Ergebenheit zum Ausdruck zu bringen. Der Gedanke, einem Deutschen einen Mercedes zu verkaufen, amüsierte mich, und so besiegelten wir das Geschäft per Handschlag auf jener Kreuzung, unter der Verkehrsampel, vor dem kleinen Gauner und der Menschenmenge, die nun applaudierte.

Aber vielleicht hatte ich das Auto schon lange satt gehabt: zu viele Verwarnungen, Geldstrafen, Halteverbote, zu hohe Steuern. Die Garage war zu weit weg, und dann die grimmigen, blutrünstigen, irren Blicke, wenn ich in der Stadt mal neben einem anderen Auto herfuhr! Ich vermisse das Auto nicht im geringsten. Es gibt ja Taxis (es gefällt mir, mich vorne neben den Chauffeur zu setzen und mit ihm zu plaudern), dann sind da die Autos der Produktion, und auch alle meine Freunde haben Autos. Einer ist immer bereit, mich zu fahren.

Und wenn ich wirklich mal niemanden finde und es gerade zu regnen anfängt, stelle ich mich mitten auf die Straße, spähe in die entgegenkommenden Autos und winke den Insassen ganz unverfroren zu, als hätte ich geglaubt, ich würde sie kennen. Immer hält irgendein Auto an, und der Fahrer oder die Fahrerin nimmt mich liebenswürdigerweise ein Stück mit.

Ich habe die schönsten, teuersten, ausgefallensten Autos besessen. Einmal hatte ich einen himmelblauen Studebaker, der wie ein dreimotoriges Flugzeug, wie ein Raumschiff aussah. Wenn ich damit langsam durch die kleinen Dörfer in der Umgebung von Rom fuhr, lüpften die Dörfler die Hüte, viele warfen sich sogar auf die Knie. Mastroianni und ich wetteiferten miteinander und forderten uns gegenseitig mit immer neuen Autos heraus. Hatte er sich einen Jaguar gekauft, kam ich mit einem Triumph. Hatte er dann auch einen Triumph, nahm ich einen Porsche. Kaufte auch Marcello sich einen Porsche, schaffte ich mir einen BMW an. Töricht und gewissenlos haben wir auf diese Weise dem alten Bornigia zu Reichtum verholfen, der jeden Tag einen anderen, immer eleganteren und teureren Anzug anhatte und sich das auch leisten konnte mit dem ganzen Geld, das wir zu ihm trugen, der Snaporaz und ich.

Es ist nutzlos, wenn ich jetzt anfange, von den Gefühlen und Träumen zu erzählen, die mit meinem ersten Topolino verbunden waren, den mir Rossellini als Gage für ein Drehbuch schenkte, für das er mich nie bezahlt hatte. Genauso nutzlos wäre es, alle Autos aufzuzählen, die ich je gehabt habe. Ich erinnere mich auch nur noch an diejenigen, an denen ich am meisten hing: an den 1900er Alfa Romeo, den ich höchst elegant und gut gestylt fand; es ist mir völlig unverständlich, warum dieses gelungene Modell nicht weiter hergestellt wurde. Auch der Mercedes mit den Flügeltüren gefiel mir außerordentlich gut, und ebenso der Lancia Flaminia, auch wenn man sich darin vorkam wie der Chauffeur eines Ministers.

Dem Auto verdanke ich die Entdeckung der märchenhaften Landschaft des Latium mit den kleinen, an die Gipfel karger Hügel geschmiegten Dörfern, den Feldern und sonnenbeschienenen Tennen, die an das mittelalterliche Japan in den Filmen von Kurosawa erinnern, und vieles mehr. Vor allem aber verdanke ich meinen motorisierten Streifzügen durch die Stadt, über Land und am Meer entlang die ersten

Bilder meiner Filme, die Ideen, Gestalten und sogar die Dialoge, denn oft hielt ich an, wo ich gerade war und machte mir Notizen. Dieses Herumgondeln ohne Ziel, wenn die Dinge, Farben, Bäume, der Himmel und die Gesichter draußen vor den Autofenstern still vorübergleiten, hat mich immer an einen unbestimmbaren Punkt in meinem Inneren versetzt, wo Bilder, Empfindungen und Vorahnungen wie von selbst entstehen.

Kehren wir zu deinen Filmen zurück. 1953 hast du ›La Strada‹ gemacht, im Jahr darauf ›Il Bidone‹. Wenn ich nicht irre, hast du deine ersten Filme ziemlich rasch nacheinander gemacht. Mit anderen Worten: Ich habe den Eindruck, daß du damals produktiver warst, du hast einen Film pro Jahr gemacht.

Mein großer Kummer ist, daß ich nicht immer arbeiten kann – kontinuierlich, in heiterer, emsiger Eile und leichten Schrittes, wie es in den fünfziger Jahren möglich war. Die Finanzstruktur meiner Filme ist allmählich immer gewaltiger geworden und hat eine ungeheure Begehrlichkeit und eine Art von Hypertrophie erzeugt, für die ich gewiß nichts kann, die aber den ganzen Prozeß schwerfälliger und komplizierter macht.

Einerseits darf ich mich glücklich schätzen, weil ich immer die Filme machen konnte, die ich machen wollte, und daß ich sie so machen konnte, wie ich es wollte, und zwar mit einem Minimum an Streit und Auseinandersetzungen. Andererseits finde ich es schade, daß ich in all den Jahren keinen Weggenossen, keinen großen Impresario gefunden habe, der in der Lage wäre, meine Arbeit zu planen und mich von all den Verzettelungen abzuhalten, zu denen mich Eitelkeit, Neugier oder Ungeduld bisweilen wohl oder übel verleiten. Ich habe nie das Glück einer entscheidenden Begegnung mit jemandem gehabt, vor dem ich Achtung haben, über den ich aber auch mal schlecht reden könnte, so wie es auch in dem unabdingbaren Verhältnis zwischen Papst und Maler, zwischen Großherzog und Hofdichter war.

Wenn mir ein amerikanischer Produzent mitteilt, er wolle sich mit mir im ›Grand Hotel‹ oder im ›Excelsior‹ treffen, um über einen Film, ein Projekt zu reden, das in den Vereinigten Staaten realisiert werden soll, dann gehe ich immer treu und brav hin, obwohl ich weiß, daß ich nie nach Amerika gehen werde. Ich möchte sie aber nicht enttäuschen, und wenn ich sie dann reden höre, erwacht meine Neugier. So bleibe ich kleben und verliere womöglich Monate, statt das zu tun, was ich tun sollte, nämlich im Studio zu stehen und ›Motore!‹ (Kamera ab!) zu rufen.

Fellini und Amerika: Wirst du nicht doch irgendwann einmal rübergehen und einen Film drehen?

Ich hätte schon etliche Filme in Amerika machen können, wenn ich gewollt hätte, aber ich weiß wirklich nicht, ob ich kann. De Laurentiis, der schon seit Jahren drüben ist und mich zweimal im Monat um drei oder vier Uhr morgens anruft, als hätte er noch nie etwas von der Existenz der Zeitzonen gehört, hat mir die Leitung praktisch aller Filme angeboten, die er dort drüben gemacht hat, von ›King Kong‹ bis ›Flash Gordon‹. Ich aber habe immer gezögert und schließlich abgelehnt, auch wenn mir, ehrlich gesagt, ein schöner psychoanalytischer Schinken wie ›King Kong‹ bestimmt Spaß gemacht hätte. Wenn du nämlich auf einer Pazifikinsel oder in einem kalifornischen Studio drehst, kommst du ganz bestimmt nicht in die Versuchung, von der amerikanischen Realität Zeugnis zu geben.

Nachdem der Film herausgekommen war, habe ich Dino gesagt, ich hätte ihn doch gerne gemacht. Ich hatte noch nicht ausgesprochen, da stieß er schon einen Freudenschrei aus: »Bravo, Fefé! Gott hat dich erleuchtet! Wir machen sofort ›King Kongs Tochter‹!« Wie dumm von mir, auch dieses Mal nein zu sagen...

Ich zweifle, ob ich es je fertig bringe, einen Film in Amerika zu machen. Sie laden mich ein, rüberzukommen und zwölf, fünfzehn Wochen dort zu bleiben, um mich durch diesen Kontakt auf Ideen zu bringen. Freundlich und großzügig werden die Freunde in Amerika mich als Gast aufnehmen, mir ihre Häuser und ihre Zeit zur Verfügung stellen, mich zu Schriftstellern und in alle möglichen Darbietungen führen und mich von einer Küste zur andern reisen lassen. Um mich rundum zufriedenzustellen, werden sie sagen, ich könne die Großstädte und die Provinz besuchen und alles, was ich wolle. Einmal mehr würden Begegnungen mit Künstlern, gebildeten Leuten, mit all jenen stattfinden, die sich erfreut zeigen, mich zu treffen, von Mailer und Woody Allen über Capote bis zu diesem faszinierenden, netten Gespenst namens Andy Warhol; gewiß werden sie mir alle Leute, Plätze und Dinge vorführen, die sie für höchst ›felliniesk‹ halten und die mich nur in die größte Verlegenheit bringen. Das Ende vom Lied kann nur sein, daß ich verzichte, mich zurückziehe und herauszuwinden versuche, ihnen zu erklären beginne, daß ich nicht in der Lage sei, einen Film in Amerika zu machen, denn auch wenn ihr Land mich fasziniere und reize und mir wie ein grenzenloser, meinen Vorstellungen genau entsprechender Set vorkomme, würde ich das doch niemals in einem Film erzählen können. New York ist wunderbar, ein ungeheures Raumschiff, das im Kosmos schwebt – es hat keine Wurzeln, keine Tiefe, sondern liegt auf einer endlosen gläsernen Scheibe – Ninive, Venedig, Damaskus, der Mars, Benares, alle Städte der Welt sind hier verschmolzen in einer berückenden, futuristischen und dekadenten Szenographie. New York ist zärtlich und gewalttätig, schön und erschreckend – wie aber sollte ich davon erzählen? Nur hier, in *meinem* Land, könnte ich das titanische Unternehmen versuchen, in Cinecittà, in der Halle des Ateliers Nr. 5. Denn in welche Gefahr ich mich auch begeben mag, hier bewahrt mich das große Netz meiner Wurzeln, meiner Erinnerungen (ich meine die Erinnerungen an jenes New York), meine Gewohnheiten, mein Haus, mit einem Wort: mein ›Laboratorium‹, vor dem Sturz in den Abgrund. Außerdem ist es etwas anderes, vis-à-vis einer neuen Realität zu leben, Erregung zu verspüren, Gefühle und Empfindungen zu haben – das können wir alle. Alle sehen wir, wundern uns, alle haben wir eine Beziehung zu den Dingen, die uns unbekannt sind, wir alle lassen uns von ihnen anregen und beeindrucken – aber davon erzählen, sie ausdrücken, sie glaubwürdig und lebendig, unzweideutig und unmißverständlich wiedergeben, das kannst du nur in *deiner* Sprache. Sie ist das einzige Mittel, das dir zur Verfügung steht, um mit dir selbst zu kommunizieren, noch bevor du es mit anderen tust. Das Mißverständnis rührt daher, daß man denkt, Kino sei eine Kamera mit einem Film darin und einer Realität davor, die nur darauf wartet, photographiert zu werden. In Wirklichkeit stellt man sich aber doch selbst vors Objektiv. Andernfalls kann Kino nur beliebige, widersprüchliche Informationen bieten.

In Amerika kämen die Ideen in einer Sprache auf mich zu, die nicht die meine ist, mittels einer Realität, deren verborgene Zeichen ich nicht erkenne und deren tiefere Schichten und Wurzeln mir unzugänglich sind. Ich will gewiß nicht behaupten, daß ich über Italien alles wüßte, aber hier kann ich mich wenigstens auf mein Nicht-Wissen, auf meine Emotionen beziehen, hier bin ich Herr auch der Dinge, die ich nicht weiß. Ich sehe an der Krawatte, daß einer aus Bergamo ist.

Naja, vielleicht ist das ein bißchen übertrieben – aber ich bilde mir doch ein, das spekulative Zusammenspiel zu durchschauen, das sich in der italienischen Realität zwischen den verschiedenen Repräsentationssystemen, zwischen Zeitungen, Fernsehen, Öffentlichkeit herausgebildet hat, die Synthesen und heimlichen Winke der Bilder, die wir alle kennen …

Aber andere Regisseure, sehr angesehene sogar, arbeiten doch in aller Ruhe in Amerika.

Ja, ja, ich weiß, Milos Forman, Roman Polanski und viele andere haben es geschafft, völlig in die amerikanische Kultur einzudringen und sich darin auch auszudrücken. Sie kommen jedoch aus einer anderen Welt, sie sind Juden, Mitteleuropäer und entstammen einer kulturellen und psychologischen Dimension, die sie daran gewöhnt hat, überall einheimischer als die Einheimischen zu werden. Schon immer haben sie ein besonderes Talent, vampirartig Geschichte, Kultur und Erinnerungen anderer aufzusaugen. Und jetzt sind sie wirklich amerikanischer als die Amerikaner.

Vor fünfundzwanzig Jahren habe ich einmal einen Vertrag mit drei überaus beflissenen amerikanischen Produzenten unterzeichnet, die sich von den Major Companies und ihrer Politik losgesagt hatten und jetzt Filme *all'italiana* machen wollten; der ›Neorealismus‹ hatte sie angesteckt und begeistert, und jetzt wollten auch sie aus den Studios herausgehen und wahre Geschichten erzählen mit Gestalten, die – wie man damals sagte – ›von der Straße aufgelesen‹ waren. Ich war gerade zur ›Oscar‹-Verleihung in Los Angeles, und die drei ›Producers‹ sahen mich wohlgefällig an. Alles von mir gefiel ihnen, nicht nur die ›Vitelloni‹ und ›La Strada‹, sondern auch meine Krawatten, mein Haarschnitt und die Art, wie ich

Englisch sprach. Einmal stieß ich mir das Knie an der Kante irgendeines Möbelstücks; es tat ein bißchen weh, war aber nicht der Rede wert – aber ich mußte mich mit Händen und Füßen wehren, daß sie mich nicht ins Krankenhaus schleppten und womöglich auf der Stelle operierten.

Sehr widerstrebend unterzeichnete ich also eine Vereinbarung, die vorsah, daß ich für zwölf Wochen ihr Gast sein sollte. Danach sollte ich entweder bereit sein, einen Film zu drehen oder nach Hause zurückkehren. Sie waren jedoch felsenfest davon überzeugt, daß die zweite Möglichkeit nie eintreten würde.

Ich begann also, durch die Vereinigten Staaten zu vagabundieren. Sie stellten mir Sekretärinnen, Dolmetscher, Freunde und Journalisten zur Verfügung. Sogar einen Mafioso, einen sehr sympathischen, pittoresken Typ namens Serenella. Er wird wohl so um die Siebzig gewesen sein, war aber außerordentlich robust und strotzte vor Energie. Er hatte das schöne, finstere Gesicht eines alten Gladiators, und seine breiten Wangen waren von tiefen Pockennarben übersät. Das weiße Haar machte ihn keineswegs ehrwürdiger, sondern ließ ihn nur noch finsterer aussehen. Er war fürchterlich sentimental. Wenn er mich nur ansah, war er tief gerührt. Ein grimmiger, aber zuckersüßer alter Opa, der sich die Handschuhe auszog, um mir den Kopf zu streicheln. Und er besaß eine unglaubliche Macht, die mich manchmal ein bißchen erschreckte: Ich brauchte ihn nur um etwas zu bitten – ich möchte gern dies tun oder jenen besuchen, kann ich nicht mal mit Mae West bummeln gehn, oder vielleicht mit Joan Blondell oder Jane Russell? – jeder Wunsch, auch der unmöglichste, den ich aus reiner Provokation geäußert hatte, wurde mir auf der Stelle erfüllt, da gab es keine Grenzen. Ein mächtiger Boß, dem zwei Hotels in Las Vegas gehörten, aber wenn er Gelsominas Lied vor sich hin summte, schneuzte er sich nach kurzer Zeit und zeigte mir seine geröteten, grimmigen, aber von Tränen umflorten Augen ... Trotz alledem verging ich schon nach einem Monat vor Heimweh. Ganze Nachmittage verbrachte ich im Hotel und rief alle meine Freunde in Rom an oder einfach Bekannte und sogar Leute, zu denen ich seit Jahren jede Beziehung abgebrochen hatte. Ich sehnte mich danach, in der Via Cola di Rienzo die letzte Ausgabe der Zeitungen kaufen zu gehen, in das kirchenartige Halbdunkel des Hotels ›Plaza‹ zu treten, nur um mal kurz zu telephonieren, oder in Buchhandlungen zu stöbern, ohne auf die Zeit zu achten – alles ganz unbedeutende Dinge, doch die Erinnerung daran zerriß mir das Herz.

Amerika gefiel mir ausgezeichnet, es reizte und faszinierte mich. Alles wirkte wie ein großer, fix und fertig vorbereiteter Set mit perfekter Dekoration, der richtigen Beleuchtung und mit Komparsen, die genau nach meinen Wünschen kostümiert waren. Mir waren viele Ideen gekommen, und meine Produzenten, denen ich andeutungsweise davon erzählt hatte, waren hell begeistert. »That's it!«, sagten sie, »terrific!« Ich aber merkte, daß es einfach unmöglich ist, etwas zu erleben und dann sofort davon zu erzählen, zu leben und sich gleichzeitig auszudrücken. Ich habe eben weder die Berufung noch das Talent zum Journalisten. Die Fähigkeit, wahrheitsgemäß Zeugnis von etwas zu geben, ist bei mir so gut wie nicht vorhanden, ja ich glaube sogar, daß ich nur dann ein guter Zeuge sein kann, wenn ich erfinden darf. Nach kaum vier Wochen habe ich also gesagt, ich wolle heimfahren, ich hätte vergessen, wie man Regie führt, ich könne es einfach nicht mehr, und dabei den blamablen Eindruck eines neurotischen kleinen Mädchens gemacht. Und Serenella mit seinem großen schwarzen Schlapphut, seinem weißseidenen Flatterschal und seinem Mantel mit Samtkragen im reinsten George-Raft-Stil brachte mich zum Flughafen. Er sagte nichts, kein

Wort. Er akzeptierte meinen Entschluß und respektierte ihn – er war sicher überzeugt, ich hätte ihn nur deshalb gefaßt, weil es anderswo etwas Interessanteres, Günstigeres, ›more money‹ für mich gab. Ganz zum Schluß, bevor er mich verließ, gab er mir noch die Adresse eines Freundes, der als ›unerwünschter Ausländer‹ aus den Vereinigten Staaten ausgewiesen worden war und jetzt in Italien lebte (seinen Namen möchte ich dir aber nicht nennen, außerdem ist er gar nicht mehr hier). »Ein Heiliger«, sagte er mir, »hat allen nur Gutes getan, aber keiner hat ihn verstanden. My dear boy, wenn du ihn brauchst, dann geh zu ihm hin und küß ihn für mich.«

Ich bin nicht hingegangen, habe ihm die Küsse von Serenella nicht überbracht, obwohl ich sehr neugierig war, diesen heiligen Mann kennenzulernen. Ein paarmal, als ich mit einem Film, den ich gerne gemacht hätte, auf scheinbar unüberwindliche Schwierigkeiten stieß, habe ich unschlüssig die Karte wieder hervorgekramt, die mir der tüchtige, unheimliche Alte damals gegeben hat, aber genau am Tag darauf, an dem ich vielleicht, wer weiß ... tauchte Peppino Amato auf und sagte mit prahlerischer Miene: »Ich mach's, ›La Dolce Vita‹! Das wird ein Bombenerfolg! Da, unterschreib! Nach Amerika kannst du dann mit mir gehen, nach dem Film. Du wirst sehen, wenn wir zwei kommen, werden die Amerikaner vor uns katzbuckeln!«

Würdest du dich in Osteuropa wohler fühlen?

Osteuropa kommt mir vor wie Gambettola, das kleine Dorf in der Nähe von Rimini, wo meine Großmutter wohnte. Die Art, wie die Russen sich küssen und sich die Hände halten, bevor sie sich dann endlich begrüßen, schien mir immer von der gleichen ländlichen Religiosität gekennzeichnet, von der in der Karwoche das Haus meiner Großmutter erfüllt war, zusammen mit dem Duft von allerlei Gebäck. Als ich in Rußland war, habe ich vor allem diese Vertrautheit gespürt, diese christliche Einstellung zum Leben, die dich eher an Tolstoi als an Majakowski denken läßt und die Erinnerung an ein zwischen Himmel und Erde eingeschlossenes Leben wachruft, an ein Leben, das sich in lange, anheimelnde Jahreszeiten teilt, mit den lauen Düften und dem Geschmack von früher, als du ein Kind warst und den Dingen um dich herum alle deine Sinne geöffnet hast – den Menschen, Pflanzen, Bäumen und Gerüchen... Jene Ursprünglichkeit, die den Menschen der Erde verbindet, dem Wechsel des Wetters und dem Zug der Wolken, einer gewissen Brüderlichkeit gegenüber den anderen, kleinen Riten, Festen und Gedenktagen und ihn Dankbarkeit empfinden läßt gegenüber jemandem, der ihm das alles geschenkt hat. Freilich unterliegt man da auch stark dem Einfluß der Literatur, aber an den Leuten merkt man dann, daß die Dinge in gewissem Sinne wirklich so sind, wie man sie empfindet.

Jewtuschenko, den ich zum ersten Mal anläßlich der Preisverleihung für ›8½‹ bei den Moskauer Filmfestspielen begegnet bin, ist mir gleich wie ein Schulkamerad vorgekommen. Wir wurden einander vorgestellt, und alle standen um uns beide herum – Journalisten, Photographen – und harrten der bedeutenden Dinge, die wir uns vor dem Publikum sagen würden. Die Dolmetscher hingen an unseren Lippen, wir aber wußten nicht, was für historische, endgültige Worte wir von uns geben sollten. Wir waren uns ganz einfach sympathisch. Als mich Jewtuschenko Jahre später in Fregene besucht und innerhalb von drei Tagen Italienisch gelernt hat, haben wir uns wie alte Freunde unterhalten. Eines Nachts am Strand hat er mir von einem Erlebnis in Grönland erzählt: An einem jener Winterabende, die sechs

Monate dauern, hat ein Eskimo auf einem Walfangschiff mitten im Eis mit einem Projektor ›Die Nächte der Cabiria‹ vorgeführt, und alle hatten ihren Spaß an dem Film und waren gerührt, sogar die Bären. Immer, wenn ich an Jewtuschenko denke, fällt mir noch ein anderer, sehr hübscher Ausspruch von ihm ein; er sagte, Seehunde hätten den gleichen feuchten und zärtlichen Blick wie seine Frau. Ich weiß zwar nicht, ob es einer Frau gefällt, wenn man ihr sagt, sie habe Augen wie ein Seehund; ich aber habe Seehunde seither mit einer anderen Einstellung betrachtet, und es stimmt wirklich, daß sie wunderschöne Augen von herzbewegender Sanftheit haben, die einem Schuldgefühle einflößen.

Während wir am Strand entlang liefen, hatten wir die Freunde ein Stück hinter uns gelassen, nur noch ihre Stimmen hörten wir hinter uns in der Dunkelheit. Es war eine wunderbare, etwas kühle Nacht – der Sommer hatte noch nicht begonnen –, und plötzlich zog sich Sergej bis auf die Unterhose aus und sprang, Verse deklamierend, ins Wasser. Sofort war er meinen Blicken entschwunden. Als die anderen mich eingeholt hatten, machten sie mir Vorwürfe und sagten, ich hätte ihn nicht ins Wasser lassen sollen, weil es hier gefährlich sei. Alle riefen ›Jewtuschenko!‹ Aber vor uns war vollkommene Finsternis, da und dort ein fernes Funkeln und eine endlose Wasserfläche, die in den Sternenhimmel überging ... Was sollten wir tun? Das Hafenamt anrufen? Die russische Botschaft – oder Chruschtschow persönlich? Schon sagte einer: »Er war ein großer Dichter!« Wir dachten wirklich an das Schlimmste, denn seit seinem Verschwinden war bereits eine Stunde vergangen. Wir hatten inzwischen beschlossen, Hilfe herbeizuschaffen, aber da tauchte er aus dem Dunkel auf und kam am Ufer auf uns zugelaufen. Er war lange geschwommen und ein paar Kilometer weiter wieder an Land gegangen; und jetzt wollte er von mir wissen, wen ich für den

Größeren hielt, Tasso oder Ariost. Welch ein glorioser Vitellone!

Aber warum erzähle ich dir das alles? Um dir zu sagen, ob ich mich in Osteuropa wohler fühlen würde? Ich glaube nicht, denn wir haben uns inzwischen so an die bisweilen nachgerade exzessive Freiheit gewöhnt, die wir hier in Italien genießen, daß wir wohl kaum die Kraft oder die Langmut hätten, die in kommunistisch regierten Ländern von der Zensur so fleißig erzeugte erniedrigende Eintönigkeit zu ertragen. Als ›Amarcord‹ in Rußland herauskommen sollte, wurde ich zu einem Gespräch in die russische Botschaft hier in Rom eingeladen. Es gab Kaviar und Wodka, und ein höflicher Minister mit undurchdringlicher Miene wollte von mir die Einwilligung zu Schnitten am Film. Ich begriff nicht, was es da zu zensieren geben sollte und weigerte mich natürlich. »Der Minister fragt Sie«, übersetzte mir die Dolmetscherin, »weshalb Sie das russische Volk Ihres Films berauben wollen.« – »Ich will es durchaus nicht berauben«, sagte ich, »ich bin sogar glücklich, daß mein Film in der Sowjetunion gezeigt werden soll.« Die Dolmetscherin übersetzte, hörte sich an, was der Minister sagte, und wandte sich dann wieder an mich: »Dann muß aber die Szene mit der Tabakhändlerin herausgeschnitten werden.« – »Haben den Minister die Titten der Tabakhändlerin gestört?« Ein bißchen verlegen übersetzte die Dolmetscherin und beeilte sich dann, mir zu beteuern: »Nein, ganz und gar nicht!« Und mit ernster Miene schüttelte auch der Minister beruhigend sein großes Haupt. »Darf man dann erfahren«, insistierte ich, »warum der russische Zuschauer anders einzuschätzen ist als der Minister? Was für den einen gut ist, wird auch für den andern gut sein!« So ging es eine Weile hin und her. Die Dolmetscherin wurde immer verlegener, wenn sie meine Argumente übersetzen sollte, und der Minister wiederholte beharrlich, ich könne das sowjetische Volk doch nicht der Freude berauben wollen, meinen Film zu sehen. Als ich schließlich ging, beschenkten sie mich mit Kaviar und Wodka, alle lächelten mich an und drückten mir ihre Hochachtung und Bewunderung aus, aber ›Amarcord‹ ist in der Sowjetunion verstümmelt gelaufen. Die Szene mit der Tabakhändlerin und die, wo die Kinder in dem alten Auto masturbieren, wurden herausgeschnitten: So ist das russische Volk zwar nicht meines Films, aber doch eines Stücks seiner Würde beraubt worden. Dieser zensorische, restriktive und im konfessionellsten, kirchlichsten und obskurantistischsten Wortsinn autoritäre Aspekt macht jede sonstige Geistesverwandtschaft zunichte.

Und mit der italienischen Zensur hast du nie Ärger gehabt? Wenn ich mich recht erinnere, haben die ›Nächte der Cabiria‹ in katholischen Kreisen starken Protest hervorgerufen.

Der Film war von der Zensur verboten worden, und ich wollte verhindern, daß die Negative verbrannt wurden. So folgte ich dem Rat eines Freundes, eines intelligenten und vielleicht ein bißchen weltoffeneren Jesuiten, Pater Arpa, und fuhr nach Genua zu einem berühmten Kardinal. Diesen Kardinal, der als einer der Kandidaten für den Stuhl Petri galt und wohl auch aus diesem Grund sehr einflußreich war, bat ich, sich den Film anzusehen. In einen winzigen Vorführraum gleich hinter dem Hafen hatte ich genau in die Mitte einen Sessel stellen lassen, den ich am Tag vorher bei einem Antiquar erworben hatte, eine Art Thron mit einem großen roten Kissen und goldenen Fransen. Eine halbe Stunde nach Mitternacht kam der Kardinal in seinem schwarzen Mercedes angefahren. Ich selbst durfte nicht im Saal bleiben und weiß daher nicht, ob der hohe Prälat wirklich den ganzen Film gesehen oder ob er geschlafen hat. Wahrscheinlich hat ihn Pater Arpa immer im richtigen Augenblick geweckt, wenn gerade eine Prozession oder sonstige fromme Bilder kamen. Zum Schluß sagte er jedenfalls: »Arme Cabiria, wir müssen etwas für sie tun!« Und dann hat wohl ein einfacher Telephonanruf genügt.

Irgend jemand hat mir öffentlich vorgeworfen, ich sei wie Richelieu und intrigiere hinter den Kulissen, statt im Licht der Sonne zu kämpfen. Zum Glück konnte man damals seine Zeit noch mit derartigen Polemiken vertun. Der Film jedenfalls wurde gerettet. Allerdings unter einer – recht merkwürdigen – Bedingung, die der Kardinal gestellt hatte: Die Sequenz des Mannes mit dem Sack mußte herausgeschnitten werden.

Und was hatte es ausgerechnet mit dieser Sequenz auf sich?

Zu dieser Episode hat mich ein ganz außergewöhnlicher Mensch inspiriert, mit dem ich einmal zwei oder drei Nächte durch Rom gezogen bin, ein Philantrop, der fast wie ein Magier wirkte. Er hatte eine Vision gehabt und sich daraufhin einer seltsamen Mission verschrieben; er suchte an den sonderbarsten Plätzen der Stadt die Ausgestoßenen auf und verteilte an alle Kleider und Nahrungsmittel, die er in einem Sack hatte. Und zwar jeden Tag.

Zusammen mit ihm habe ich unglaubliche Dinge erlebt. Wenn man das Gitter über einem bestimmten Abwasserkanal hochhob, fand man darin ein schlafendes altes Weiblein. In den Korridoren eines prunkvollen Palazzo in der Via del Corso, in dem jetzt die Sozialistische Partei sitzt, lagen Penner, die vom Nachtwächter heimlich hereingelassen worden waren und dort bis fünf Uhr morgens schlafen durften. Der Mann mit dem Sack kannte all diese Plätze und Leute: Dem einen machte er eine Injektion, dem anderen gab er etwas zu essen.

Im Film stellte ich mir vor, daß Cabiria ihm auf der Via

Appia Antica begegnen würde, während sie bei der ersten Morgendämmerung gerade nach Hause zurückkehrt, leise vor sich hin schimpfend, weil ein betrügerischer Kunde sie nicht bezahlt hat. Sie sieht den Mann mit dem Sack aus einem kleinen Auto steigen und auf die Tuffhöhlen zugehen, wo er am Rand einer Art Schlucht stehenbleibt und den Namen einer Frau ruft; aus einem schmutzigen Loch kommt daraufhin eine alte Prostituierte gekrochen, die Cabiria unter dem Namen »Atombombe« kannte und die jetzt so heruntergekommen ist, daß sie das Leben einer Ratte führt. Dann willigt Cabiria ein, sich in dem kleinen Auto des Mannes mit dem Sack nach Hause bringen zu lassen, und ist sehr betroffen von seinen Erzählungen. Eine ergreifende kleine Sequenz, aber ich wurde gezwungen, sie herauszuschneiden. In gewissen katholischen Kreisen hat diese Hommage an einen so ungewöhnlichen und an keinerlei kirchliche Vermittlung gebundenen Philanthropen offenbar Anstoß erregt.

Und ist es nicht auch lächerlich, daß der Bürgermeister von Rom gegen ›Cabiria‹ protestiert hat, weil ich die Nutten ausgerechnet in der archäologischen Zone placiert hatte, wo er sich doch so viel Mühe gegeben hatte, diesem Ort ein der Metropole würdiges Gesicht zu geben?

Wenn die Zensur abgeschafft würde und die Gesetze völlige Freiheit ließen, würdest du dann auch mal einen Porno machen?

Das Wort impliziert ein gewisses Bewußtsein von Vulgarität, und einer, der sich bewußt ist, vulgär zu sein, kann es nicht mehr sein. Diesem Widerspruch könnte ich nicht entgehen, und meine Gewohnheit, mit figurativen Werten zu arbeiten, würde die ganze Angelegenheit in einer Weise verklären, daß ich dann vielleicht weder beim Auftraggeber noch beim einschlägigen Publikum Anklang fände. Im übrigen habe ich noch keinen gefunden, der gesagt hätte: »Oh, ich hab' einen schönen Porno gesehen!« Ich habe immer nur gehört, die Frauen seien häßlich gewesen und man sei sich vorgekommen wie im Leichenschauhaus oder in der Schlächterei. Das bedeutet doch, daß man Bordelluft atmet und daß pornographisches Kino einem das Gefühl vermittelt, weniger als vorher zu wissen und an einem erniedrigenden kollektiven Ritus teilgenommen zu haben.

Zu ›Il Bidone‹, dem Film vor den ›Nächten der Cabiria‹, hast du dich noch nicht geäußert. Warum hast du einen amerikanischen Schauspieler dafür genommen? Hat die Produktion dir Broderick Crawford aufgezwungen?

Ich habe das Glück und das Vergnügen gehabt, mit Produzenten zu arbeiten, die mir nie irgend etwas aufgezwungen haben. Wenn wir zu keiner Einigung kommen konnten, haben wir den Vertrag in gegenseitigem Einvernehmen gelöst; und obwohl das vielleicht hundertmal vorgekommen ist, sind meine Beziehungen mit allen Produzenten – ob ich nun Filme mit ihnen gemacht oder den Vertrag gelöst habe – immer freundschaftlich geblieben. Im Grunde genommen sind wir vom Film seit undenklichen Zeiten immer die gleichen; man kennt sich, und keiner macht dem anderen etwas vor.

Für Broderick Crawford habe ich mich entschieden, nachdem ich unter unzähligen Gesichtern lange und mühsam nach dem richtigen gesucht hatte. Eines Abends habe ich an einer Mauer auf der Piazza Mazzini ein großes Filmplakat gesehen, das irgend jemand quer durchgerissen hatte. Man sah ein halbes Gesicht, darunter einen halben Titel und den halben Namen des Schauspielers – ›Tutti gli uom‹ und ›Broderi‹. Das

Äugelchen in diesem halben Gesicht erinnerte mich an den scharfen und verschlagenen Blick eines gewissen Nasi, der in Rimini zu Ruhm gelangt war, weil er einem Deutschen ein Stück Meer vor dem ›Grand Hotel‹ verkauft hat. Jedenfalls ist das die Geschichte, die über den Gauner Nasi erzählt wurde, und wenn ihn im Café Commercio einer fragte, ob es stimme oder nicht, ließ Nasi sich zuerst einmal ein Bier von ihm bezahlen. Dann rückte er mit Sätzen heraus, die von einem orientalischen Weisen hätten sein können. Etwa so: »Wir können die Wahrheit nicht mehr erkennen, denn wir können uns nicht bis zur Erde neigen.« Wenn einer nähere Erklärungen verlangte, mußte er ihm erst ein zweites Bier spendieren, und so konnte es den ganzen Nachmittag weitergehen, mit rätselhaften Antworten und weiteren Vierteln Sangiovese, bis der Orakelnde stockbetrunken abzog und aus voller Kehle singend im Nebel verschwand.

Was für ein großartiges Gesicht Broderick Crawford hatte! Der schlagendste Beweis für kinematographische Photogenität: Er brauchte nur eine Braue hochzuziehen, und schon war es eine Geschichte. Diese tiefliegenden Äugelchen über den breiten Wangen schienen einen immer wie hinter einer Mauer hervor anzublicken, wie zwei Löcher in der Wand. Beunruhigt durch beharrlich kursierende Gerüchte über einen gewissen Hang des guten Brod zu Aperitifen wollte sich der Produzent im Vertrag mit dem Schauspieler absichern, indem er eine Liste anhängte, in der die erlaubten Getränke aufgezählt waren. Ein paar Verstöße von Brods Seite muß es allerdings gegeben haben, denn ich erinnere mich, wie er eines Morgens in Rom – wir waren fast am Ende des Films, und Broderick befand sich also schon etwa vier Monate in Italien – sich immer mehr ereifernd darauf bestand, daß ihm ein Produktionssekretär persische Zigaretten holen ging, die es nur in einem Tabakwarenladen hinter dem sechsten Häuserblock in der 14. Straße gab.

›La Dolce Vita‹.

Wie beim Assoziationstest antworte ich sofort – Anita Ekberg. Auch nach fünfundzwanzig Jahren sind der Film, sein Titel und seine Bilder für mich untrennbar mit Anita verbunden.

Zum ersten Mal sah ich sie auf einem ganzseitigen Photo in einer amerikanischen Zeitschrift. Diese potente Pantherin saß rittlings auf einem Treppengeländer und spielte das kleine Mädchen. »Mein Gott«, habe ich da gedacht, »laß mich der nur nie begegnen!«

Dieses Gefühl entzückten Staunens und ungläubiger Verwunderung, wie man es angesichts so außergewöhnlicher Geschöpfe wie Giraffe, Elefant oder Baobab empfindet, überkam mich auch ein paar Jahre später wieder, als ich sie im Garten des ›Hotel de la Ville‹ auf mich zukommen sah, vor, hinter und neben sich drei, vier Männchen, den Gatten und die Agenten, die neben ihr verschwanden wie Schatten im Schein einer Lichtquelle. Ich behaupte ja, daß die Ekberg zu alledem auch noch phosphoreszierend ist. Sie wollte etwas über das Drehbuch wissen, ob die Figur positiv sei, wer die anderen Schauspieler wären, und unterdessen trank sie aus einem großen Glas einen jener knallbunten Cocktails voller Fähnchen und Fischchen und sprach mit der Stimme eines verschnupften kleinen Mädchens, die sie noch umwerfender machte. Mir war, als offenbare sich mir die platonische Vorstellung von den Dingen, den Elementen, und ich murmelte wie ein Geistesgestörter vor mich hin: »Ah ja, so sind Ohrläppchen, so ist Zahnfleisch, so ist die menschliche Haut!«

Noch am gleichen Abend wollte ich Marcello von ihr erzählen, der mir rauchend zuhörte und ein bißchen irritiert war, es sich aber nicht anmerken lassen wollte. »Ach geh!«, sagte er, »wirklich?! Aber ... Na gut«, gab er schließlich nach und zog dabei die Brauen hoch wie Clark Gable, »schauen wir uns die Dame eben an.«

Als Marcello ihr vorgestellt wurde, streckte Anita, die profunde Männerkennerin, ihm zerstreut die Hand hin, während ihr Blick schon wieder anderswo war. Den ganzen Abend richtete sie kein einziges Mal das Wort an ihn. Später meinte Marcello beiläufig, so toll sei die Ekberg dann ja auch wieder nicht. Sie erinnere ihn zu sehr an einen deutschen Soldaten der Wehrmacht, der ihn einmal bei einer Razzia im Viale delle Milizie zwingen wollte, in einen Lastwagen einzusteigen. Vielleicht hat er sich auch gekränkt und vernachlässigt gefühlt; diese übernatürliche Glorie, diese haifischartige Vitalität und diese versengende Ausstrahlung hatten meinen alten Snaporaz nicht begeistert, sondern nur verstimmt.

›La Dolce Vita‹ ist und bleibt ein Markstein in der Kultur und in der Bilderwelt des zwanzigsten Jahrhunderts. Der Film ist jetzt über zwanzig Jahre alt. Wie denkst du heute darüber? Bis zu welchem Grad warst du dir seiner soziologischen Komponenten bewußt?

Auch wenn ich Freunde und Journalisten damit regelmäßig enttäusche, sage ich seit jeher, daß das Rom von ›La Dolce Vita‹ eine fiktive Stadt ist und daß hinter dem Titel des Films keine moralisierende oder anklagende Absicht steckte. Er sollte ganz einfach bedeuten, daß das Leben trotz allem eine tiefe, nicht zu verleugnende Süße hat.

Ich stimme vollkommen mit denen überein, die behaupten, der Autor sei der letzte, der Auskunft über seine Werke geben könne, und komme dir hoffentlich nicht vor wie jemand, der das, was er gemacht hat, aus Koketterie oder Exhibitionismus entmythologisiert oder schmälert. Aber ich habe, wie mir scheint, nie die glorreiche Absicht gehabt, zu denunzieren, zu kritisieren, zu geißeln, Satire zu machen; ich schäumte nicht vor Unduldsamkeit, Empörung und Wut; ich wollte niemanden anklagen. Via Veneto? Habe ich nie besucht. Ich glaube, ich habe mit Flaiano auch nicht ein einziges Mal über die Via Veneto gesprochen. Die Sequenz mit der Adligen? Die habe ich während der Aufnahmen hinzugefügt, unter dem Eindruck gewisser Begebenheiten, von denen mir Brundello Rondi, ein häufiger Besucher von Parties und Festen bei römischen Patriziern, erzählt hatte. Und die Schlußorgie? In der Annahme, Pasolini sei ein Spezialist für Orgien, lud ich ihn eines Abends zum Essen ein. Pier Paolo aber sagte sofort, es täte ihm leid, aber über bürgerliche Orgien wisse er nicht Bescheid, er habe nie an einer teilgenommen. »Und du kennst auch keinen, der da mitmacht?« fragte ich ihn. Aber nein, er kannte keinen. Jacopetti? Der war gerade in Afrika. Ich fing dann ohne eine Idee mit der Sequenz an. Ich gruppierte die Schauspieler und gab ihnen, nicht sehr überzeugt, Anregungen für lasterhafte Stellungen. Damals hatte ich eine holländische Assistentin, ein hübsches Mädchen, das mir mit aufmerksamem, vertrauensvollem Blick folgte, in erregter Erwartung wer weiß welcher anstößiger Hexereien, die ich vollbringen würde. Zwei Stunden später habe ich sie ganz enttäuscht murmeln hören: »Der will schweinisch sein und weiß nicht, wie's geht!«

Schön und gut, aber hinter ›La Dolce Vita‹ steckt ja viel mehr. Der Film war bezeichnend für eine bestimmte Periode im italienischen Leben, ja er ist zum Symbol jener Zeit geworden. Er hat Diskussionen, Polemiken, Empörung ausgelöst...

Mir ist bewußt, daß ›La Dolce Vita‹ ein Phänomen war, das über den eigentlichen Film hinausging. Vom moralischen Standpunkt her, aber vielleicht auch hinsichtlich gewisser Neuerungen; es war der erste italienische Film, der drei Stunden dauerte, und alle – auch meine Freunde – wollten, daß ich ihn kürze. Ich mußte ihn mit schwerem Geschütz verteidigen. Ich habe den Film gemacht, wie ich alle meine Filme mache: um mich von ihm zu befreien, vor allem aber aus meiner schamlosen Lust am Erzählen.

Seinen Stoff, auch was die Gestaltung der Bilder betrifft, bezog er aus dem Leben, wie es in Illustrierten wie ›Oggi‹ oder ›L'Europeo‹ dargestellt wird – mit ihrer photographischen Wiedergabe von Festivitäten und ihrer ästhetisierenden Aufmachung ein absurder Laufsteg der schwarzen Aristokratie und des Faschismus. Die Regenbogenpresse war der beunruhigende Spiegel einer Gesellschaft, die unaufhörlich sich selbst darstellte, feierte und verherrlichte; der Spiegel eines klerikalen, schwarzen und ländlichen Adels, der sich eine ›Caravelle‹ leistete und für ›Lo Specchio‹ photographieren ließ. Ein altes, reaktionäres, im achtzehnten Jahrhundert stehengebliebenes Italien, das sich mit dem Italien der ›Nastri d'Argento‹ [der ›Silbernen Bänder‹, die jährlich vom italienischen Filmjournalisten-Verband vergeben werden. d. Ü.] überschneidet und an dem ich meiner Neigung frönen konnte, mich lustig zu machen.

Wie aber sollte ich das alles jener schwarzgekleideten Alten mit Strohhut, Spitzen und Bändern erklären, die ein paar Monate nach dem Anlaufen des Films – der Skandal war da, und ›L'Osservatore Romano‹ zog jeden Tag mit glühendem Zorn gegen ›La Dolce Vita‹ und seinen Autor zu Felde, und es war sogar die Rede davon, dem Film die Freigabe der Zensur wieder zu entziehen, die Negative zu verbrennen, mir den Paß wegzunehmen – aus einem luxuriösen schwarzen Mercedes stürzte, ohne die Hilfe des Chauffeurs anzunehmen, der sie stützen wollte, und wie eine Maus über die Piazza di Spagna lief, um mich einzuholen? Was hätte ich ihr sagen sollen, als sie sich an meine Krawatte hängte wie an ein Glockenseil und mir ins Gesicht röchelte: »Lieber sollte man sich einen Stein um den Hals hängen und sich im Meer ersäufen, wo es am tiefsten ist, als einen solchen Skandal zu machen!«

Zusammen mit ihrem Chauffeur habe ich sie zum Auto zurückgebracht und ihr recht gegeben; und ich war wirklich ein bißchen aus der Fassung geraten. Genau wie jenes andere Mal, als ich in Padua – es war an einem Augustnachmittag um zwei – mutterseelenallein vor einem Kirchenportal stand, an dem ein riesengroßes, schwarzumrandetes Plakat hing mit der Aufschrift: »Beten wir für das Seelenheil von Federico Fellini, dem öffentlichen Sünder!«

Sich der Realität, in der wir leben, zu stellen und den historischen Augenblick zu erfassen, wird im allgemeinen als moralische Verpflichtung betrachtet. Gilt das für dich nicht? Wie denkst du über die Welt, in der wir leben?

Ich kann mir keine Meinungen bilden, ich versuche es erst gar nicht.

Die politischen Voraussetzungen der Geschehnisse zurückzuverfolgen, Diagnosen zu stellen, ist mir schon immer als hoffnungsloses Unterfangen erschienen – ich habe weder die Mittel noch den Hang dazu. Mir ist klar, daß das ein kindliches Unvermögen ist, aber ich traue mir einfach weder die geistige Reife noch die Distanz und ebensowenig den außergewöhnlichen Scharfsinn zu, die man meiner Ansicht nach braucht, um zu verstehen, wer die Gesellschaft lenkt und auf welch verschlungenen Pfaden sie in bestimmte Situationen der Stagnation geraten ist. Ich glaube nicht, daß die Welt von einem geheimen und seherischen Superhirn gelenkt wird. Ich fürchte eher, daß sie Hals über Kopf auf den Abgrund zurollt. Vielleicht gab es einmal einen Plan, der dann in Vergessenheit geraten ist, genau wie der Plan der Kirche für das Heil des Menschen. Ursprünglich muß eine Botschaft vorhanden gewesen sein, die dann aber mit einem derart dichten Netz von Zeremonien und Sicherungen überbaut wurde, daß sie in Vergessenheit geraten ist. Geblieben ist nur das Labyrinth der Rituale, und keiner erinnert sich mehr an den Eingang und den Ausgang, so wenig wie an seinen Sinn. Vielleicht liegt der Sinn darin, sich dennoch hineinzuwagen und die Angst in Nahrung für sich und die anderen zu verwandeln. Deshalb sind auch die Erzählungen von Kafka und Borges so faszinierend.

Wer wie ich die Dinge nicht aus wissenschaftlicher Sicht betrachtet und den Fortschritt nicht in rationalen Begriffen mißt, überläßt sich seinen mehr oder minder wohlgefälligen Phantasien oder obskuren Schuldgefühlen und vermeint im Alltäglichen bisweilen schon die in der Offenbarung des Johannes oder in den Prophezeiungen von Nostradamus verheißenen Blitze zu gewahren. Am verlockendsten ist der Gedanke, daß die Zukunft schon zu Ende ist. Es mag daran liegen, daß ich viele Science-Fiction-Romane gelesen habe, aber manchmal meine ich wirklich das aggressive Entsetzen, den monströsen Egoismus zu teilen, der sich der Menschheit angesichts der Erschöpfung der natürlichen Ressourcen unseres Planeten bemächtigt. Die Aussichten sind katastrophal, aber ich finde mich in jeder Hinsicht damit ab, sei es, weil ich sie als Cineast verlockend finde, sei es auf Grund all der katholischen Deformationen, die wir seit zweitausend Jahren mit uns herumschleppen. Auch wenn ich mir die vagen und mühseligen Überlegungen über die Grenzen des

Fortschritts vor Augen halte, finde ich, daß die Irreversibilität der ganzen Angelegenheit etwas Begeisterndes hat, jedenfalls für einen, der alles in allem gerne mit wenigen Erwählten und einigen Tieren auf einer zweiten Arche Noah mitten durch die Katastrophe reisen würde.

Aber welche Verantwortung hast denn du deiner Ansicht nach?

Die einzige Verantwortung, die ich verspüre, besteht darin, Halbheiten zu vermeiden, die der unmittelbarste Ausfluß von Ignoranz und Dummheit sind. Die Halbherzigkeit ist ein typisches Merkmal von uns Italienern, eine psychologische Disposition, die wir seit jeher mit selbstgefälliger Sorgsamkeit, ja bisweilen Dünkelhaftigkeit hegen und pflegen, als sei sie ein Reichtum, eine genetische Qualität, um die uns andere nur beneiden könnten, während sie doch fast immer nichts anderes ist als triste Resignation um des Überlebens willen – auch wieder nur so halb und halb, versteht sich. Ich fühle mich verpflichtet, niemanden hinters Licht zu führen, mich nie zufrieden zu geben, unter rigorosem Einsatz der Ausdrucksmittel, über die ich verfüge, Zeugnis von den Bedrängnissen zu geben, in denen ich mich jeweils befinde. Immer rigoros sein: der richtige Farbton, das richtige Licht, die richtige Perspektive im richtigen Augenblick. Ohne dabei jedoch zu vergessen, daß der künstlerische Ausdruck auch einen spielerischen Aspekt hat: Indem ich meine Sicht der Dinge darstelle und die anderen an meiner heiteren oder schlechten Laune teilhaben lasse, fordere ich sie auf, ihre Phantasie spielen zu lassen. In einer Zeit, die so von Sorgen und Ängsten erfüllt ist, daß es uns wie eine Sünde vorkommt, den Blick vom Niederen, Praktischen, Alltäglichen abzuwenden, mag das als Luxus, als Perversion erscheinen. Statt daß wir uns wieder Sinn für das Spielerische aneignen, werden wir dahin gebracht, sogar die Freizeitbeschäftigung als Pflicht zu empfinden. So wird die freie Zeit zur leeren Zeit, wo sich keine Beziehung zu uns selbst und zum Leben entwickeln kann. Wir haben immer weniger Raum für ästhetische Kontemplation, verstanden im griechischen Sinne der Fähigkeit, sich am Schönen zu erfreuen. Das Schöne wäre weniger trügerisch und tückisch, wenn man anfinge, unabhängig von den festgesetzten Normen alles als schön zu betrachten, was ein Gefühl hervorruft. Sobald die Gefühlssphäre angerührt wird, setzt sie Energie frei, und das ist immer positiv, in ethischer wie in ästhetischer Hinsicht. Das Schöne ist auch gut. Intelligenz ist Güte, Schönheit ist Intelligenz: Die eine wie die andere bringen eine Befreiung aus dem kulturellen Gefängnis mit sich.

Was ergreift dich am meisten?

Die Unschuld. Vor einem Unschuldigen strecke ich sofort die Waffen und gehe streng mit mir ins Gericht: Kinder, Tiere, die Blicke, mit denen einen manchmal Hunde fixieren. Auch die äußerste Bescheidung, die ich in den Wünschen einfacher Leute bemerke, kann mich betroffen machen. Und natürlich ergreift mich die Schönheit, der Blick bestimmter Frauen von bezaubernder Schönheit, der die Luft mit einem anderen Licht zu erfüllen scheint. Erregende Erscheinungen. Dann der künstlerische Ausdruck. Ein Schriftsteller oder Maler, dem es gelungen ist, auf einer Seite, einem Bild ein Gefühl von den Dingen der Welt, eine unvergängliche Vision festzuhalten, ruft tiefe Ergriffenheit in mir hervor. Der Natur gegenüber bin ich dagegen gleichgültig und ungerührt. Ich weiß, das ist ungeheuerlich, pathologisch, und ich habe keine Erklärung für diesen Mangel finden können. Ich sehe sie einfach nicht, ich erlebe sie nur in der Erinnerung – den Wald, wie ich ihn als Kind gesehen habe, das Meer, den beginnenden Abend... Heute jedoch finde ich eine schöne Landschaft, einen Sonnenuntergang, die urwüchsige Großartigkeit der Berge, den leise fallenden Schnee nur ergreifend, wenn es mir gelingt, sie in Cinecittà im Filmstudio zu reproduzieren, indem ich mit Leim und Stoff herumpfusche.

Wessen schämst du dich am meisten?

Der Torheiten, die ich bei Interviews sage, der leeren Worte, des Geschwätzes, das ich auch ohne Aufforderung von mir gebe, und des Schweigens, in das ich dagegen versinke, wenn ich reden sollte... Ich schäme mich, unbestimmt, fügsam, unbedacht zu sein.

Manchmal schäme ich mich auch ein bißchen, daß ich mir keiner Sache sicher bin. Vor Leuten, die unbewehrt und in aller Unschuld ihre Gewißheiten verkünden, fühle ich mich immer ein bißchen unbehaglich, verwirrt, und komme mir haltlos und wankelmütig vor. Wie ein neugierig-gleichgültiger Tourist, ein Passant, einer, der da ist und doch nicht da ist. Auf jemanden, der sich leidenschaftlich ärgert, in Wallung gerät, einen überzeugten Fluch ausstößt, blind haßt oder sich verliebt, blicke ich mit einer Mischung aus Erstaunen und Bewunderung.

Irgendwo habe ich mal gelesen, daß der psychologische Typus, der als ›Künstler‹ bezeichnet wird, in seinem Selbstgefühl ständig auf und ab schwankt zwischen blinder Selbstverherrlichung, halbgöttlicher Zufriedenheit auf der einen und Niedergeschlagenheit und quälerischen Schuldgefühlen auf der anderen Seite. Diese zwei gegensätzlichen Gefühlszustände sind der gelebte Aspekt der mehr oder minder bewußten Fremdheit, die der Künstler einmal als Fluch, ein andermal dagegen als besondere Gunst empfindet.

Die katholische Kirche mit ihrer profunden Kenntnis der menschlichen Seele hat die Künstler zu Recht wie Kinder behandelt; mit Geschenken und Belohnungen regte sie ihre Kreativität an, damit sie mit ihrem Talent vom Ruhm der Heiligen, ihren Martyrien und den Mythen des Christentums zeugten; gleichzeitig aber schürte sie unerbittlich das Schuldgefühl des Künstlers angesichts einer Arbeit ohne unmittelbaren Nutzen und eines Lebens außerhalb der Norm, bedroht von finsteren Mächten, die einen zu Verstößen gegen das Erlaubte und Legitime, gegen die Verbote und die überkommene Ordnung verleiten.

Du sprichst von den Geschenken und Belohnungen, mit denen die Kirche die Künstler honoriert hat. Welchen Stellenwert hat das Geld in deinem Leben?

Ich habe eine recht ungenaue Vorstellung vom realen Wert des Geldes und mithin von seinem Verhältnis zu den Dingen und deren Wert. So kommt es zum Beispiel vor, daß mich erkleckliche Summen völlig gleichgültig lassen (die ich daher sinnlos vergeuden kann), während mich winzige Beträge in lächerliche Verwunderung versetzen können und ich mich nur widerstrebend und mit dem Gefühl, beraubt zu werden, von ihnen trenne. Dieser mangelnde Realismus in meinem Verhältnis zum Geld wurzelt, glaube ich, in Erlebnissen meiner frühen Jugend, als ich gerade nach Rom gekommen war und – vor und während des Krieges – der Kampf ums Dasein zur dramatischen Erfahrung werden konnte. In solchen Situationen erfährt der Wert des Geldes hyperbolische Steigerungen: Tausend Lire bedeuten Ruhe und Frieden und kommen dir vor wie der Nobelpreis.

In der allerersten Zeit in Rom hatte ich eine Bohème-Phase, die aber sehr kurz war – gerade lang genug, um sie später in meinen Erzählungen mit hinzugedichteten Milchkaffee-Mahlzeiten und heimlichen Fluchten aus kleinen Hotels mit durchs Fenster geworfenen Koffern romanartig auszuschmücken. Ich habe ziemlich schnell und relativ leicht Geld verdient. Reich bin ich zwar nicht, und ich bin auch nicht gewieft genug, es zu werden, denn mir liegt auch nichts daran. Ich habe keinen Sinn für Besitz; Dinge zu besitzen ist mir lästig, am liebsten würde ich gar nichts besitzen. Ich entledige mich sogar meiner Schreibgeräte und Armbanduhren, und auch der gefüllte Kleiderschrank weckt in mir das Verlangen, ihn wegzuschaffen.

Ich spiele nicht und fahre nicht in Urlaub. Was man mit einem Boot anfangen kann, ist mir unbegreiflich, und auch das Auto reizt mich nicht mehr, wie ich dir ja schon erzählt habe. Besitzen, sammeln, aufbewahren, dazu bin ich schlechterdings unfähig. Zum Glück hat Giulietta, wie die meisten Frauen, einen wenn auch recht begrenzten Sinn für Eigentum, der eine zwar nicht kleinliche, aber doch etwas umsichtigere Haushaltsführung als die meine sicherstellt.

Hin und wieder habe ich verrückte, lächerliche Anfälle von Knausrigkeit, die ein paar Tage anhalten, um dann plötzlich wieder in unsinnige Verschwendung umzuschlagen. Einen ganzen Monat lang bin ich zum Beispiel mit dem Bus gefahren – Schluß mit den zwanzig Taxis am Tag, es lebe die Atac! Weshalb mich auf einmal diese Lust auf Autobusse und Straßenbahnen überfallen hat, weiß ich auch nicht. Vielleicht steckt dahinter der Wunsch, zu den Zeiten zurückzukehren, als ich noch ganz jung war, oder ein unbewußter Drang, wieder einmal in die Menge einzutauchen. Vielleicht auch die Lust, sich noch einmal eine neue Lebensphase zu erfinden – die Dinge wieder zu tun, die ich 1937 getan habe, an der

Straßenbahnhaltestelle zu stehen, zusammen mit einer Hausfrau mit ihrem Einkaufsbündel, das muß wohl eine Reaktion auf das gnadenlos voranschreitende Alter sein.

Noch eine kurze Frage, dann wollen wir wieder zu deinen Filmen zurückkehren. Wie sieht dein Tagesablauf aus, wenn du nicht arbeitest? Stehst du früh auf?

Ja, und zwar ohne daß mich jemand wecken muß. Ich habe einen kleinen inneren Wecker, den ich fast auf die Minute genau stellen kann, der nie nachgeht und immer funktioniert, in welchem Bett ich auch liegen mag. Ich bin sofort und übergangslos wach, so, wie man eine Lampe anschaltet. Ich habe schon immer wenig geschlafen, auch als ich klein war. Dann versuche ich, Bruchstücke eines Traums an die Oberfläche zu holen, den ich in der Nacht, im Halbschlaf, aus Trägheit nicht aufgeschrieben hatte, weil ich sicher war, ich würde mich daran erinnern, und dann erinnere ich mich doch nicht mehr daran.

Dann lungere ich im stillen und leeren Haus herum, öffne Türen, mache Licht, setze mich auf einen Sessel, auf das Sofa, hinter den Tisch wie eine verrückte Katze, die alle Plätze ausprobieren will, öffne und schließe gähnend alle möglichen Schubladen, in denen ich einen Haufen Dinge entdecke, die zum Haus gehören und die ich gar nicht kannte oder vergessen hatte. Schließlich mache ich die Fenster auf, und damit tue ich wohl das einzig Nützliche, was ich im Haus tun kann, denn im Haushalt bin ich absolut ungeschickt. Ich habe noch nie einen Gasherd angezündet, ich kenne nicht einmal die Handgriffe, mit denen man ihm die Flamme entlockt. Ich schäme mich, es zu sagen, aber sogar das Einschalten des Fernsehers ist immer ein kleines Abenteuer für mich, und wenn ich allein bin, dann lasse ich es lieber bleiben.

Im Badezimmer gehe ich erst einmal vor dem Spiegel hin und her und beäuge mich verstohlen. Dann fasse ich mir ein Herz und untersuche mich: Neue Schäden? Neue Verwüstungen? Zerfallserscheinungen? Und der Blick? Ist einem, der so ein Gesicht hat, überhaupt zu trauen?

Nicht mal ein Ei kannst du dir kochen?

Nein, nichts, ich habe einfach nicht die Geduld dazu. Mein Beruf als Regisseur erfordert die Geduld eines Fakirs; Stunden und Stunden, manchmal ganze Nachmittage, verbringe ich damit, die richtige Beleuchtung herauszubekommen; aber ich ertrage es nicht, auch nur ein paar Minuten zu warten, bis der Kaffee fertig ist.

Noch so ein Widerspruch: Ich halte mir eine gewisse Fingerfertigkeit zugute, ich male, arbeite mit Ton und bringe Figurinen zustande, und auf dem Set kümmere ich mich gerne um alles, hänge Bilder auf, rücke Perücken zurecht, verschiebe Tische ... Alles in allem weiß ich meine Hände also ganz gut zu gebrauchen. In der Küche dagegen bin ich eine wahre Katastrophe, eine Gestalt wie aus einer Szene eines alten komischen Films – mit zerbrochenen Tellern, Stürzen, Verletzungen und Verbrennungen.

Aber einmal, in Fregene, habe ich doch gekocht. Für ungefähr fünfzig Katzen, die draußen im Garten drohend miauten. Es war Winter, und unsere kleine Villa war als einzige noch bewohnt. Ich habe also den ganzen Kühlschrank ausgeräumt und einen großen Eintopf gekocht. Sogar eine Flasche »Activarol«, ein Stärkungsmittel, das ich nicht mehr nahm, habe ich hineingetan. Es war ein voller Erfolg.

Es ist ja in Mode, über den Körper zu sprechen. Was hast du zu deinem zu sagen?

Instinktiv versuche ich, ihn fit zu halten, und auch verstandesmäßig möchte ich schon deshalb gesund bleiben, um arbeiten zu können. Krankheit fürchte ich wie ein unvermutet auftauchendes Hindernis, wie die Mitteilungen des Finanzamts über eine Steuerprüfung, einen gestrichenen Flug oder ein Treffen mit einem Schulkameraden, von dem ich nichts mehr weiß, er dagegen von mir sehr viel.

Bei Tisch bin ich mäßig und genügsam, Exzesse erlaube ich mir nicht; ich glaube es wenigstens. Gymnastik habe ich jedoch nie gemacht, und das bereue ich, denn es würde mir gefallen, außerordentlich stark zu sein und wie eine Gestalt aus einem Comic gegen die Unterdrücker der Armen zu kämpfen. Als Kind dagegen habe ich mich krank und schwächlich gestellt, um als Opfer, als Verfolgter dastehen und mich über erlittenes Unrecht beklagen zu können. Vielleicht ist auch das ein katholisches Erbe.

Du gehst nicht in Schönheitssalons?

Du etwa? Manchmal, wenn ich die Verheerungen des Haarausfalls, diese gelblichen Flecken auf der Haut, die Runzeln und Erschlaffungen sehe, dann denke ich, daß ich eines Tages vielleicht doch einen guten Freund in Mailand anrufen sollte, der mir von einer Klinik in Rußland erzählt hat, in die man als Siebzigjähriger hineingeht und als Einundsiebzigjähriger wieder herauskommt, weil die Kur ein ganzes Jahr dauert. Aussehen tut man dann aber wie ein guterhaltener Neunundsechzigjähriger. Das jedenfalls hat mir dieser Freund erzählt. Er ist ein bißchen jünger als ich, hat aber schon schlohweißes Haar. Und wo diese Klinik ist, will ihm nicht mehr einfallen.

Fühlst du dich imstande, kurz und bündig zu sagen, was dir gefällt und was nicht?

Vor Zeiten hat eine Zeitschrift – ich glaube, es war ›L'Espresso‹ – einen ähnlichen Test gemacht. Mich haben sie auch gefragt. Die Liste ist im großen und ganzen unverändert geblieben.

Was mir nicht gefällt: Parties, Feste, Kutteln, Interviews, runde Tische, Autogrammbitten, Schnecken, Reisen, Schlangestehen, die Berge, Boote, laufende Radios, Musik in Restaurants, Musik im allgemeinen (sie hören zu müssen), Drahtfunk, Witze, Fußballfans, Ballett, die Weihnachtskrippe, Gorgonzola, Preisverleihungen, Austern, über Brecht reden zu hören und Brecht selbst, offizielle Essen, Trinksprüche, Reden, Einladungen, nach meiner Meinung gefragt zu werden, Humphrey Bogart, Quiz, Magritte, Einladungen zu Ausstellungseröffnungen und Theaterpremieren, Maschinengeschriebenes, Tee, Kamille, Kaviar, Voraufführungen jeder Art, das Teatro della Maddalena, Zitate, der wahre Mensch, Kinderfilme, Theatralik, Temperament, Fragen, Pirandello, Crêpes Suzette, schöne Landschaften, Unterschriftensammlungen, politische Filme, psychologische Filme, historische Filme, Fenster ohne Läden, Engagement und Disengagement, Ketchup.

Mir gefällt: Bahnhöfe, Matisse, Flughäfen, Risotto, Eichen, Rossini, Rosen, die Marx Brothers, Tiger, Warten bei Verabredungen, in der Hoffnung, daß der andere nicht mehr kommt (auch wenn es sich um eine wunderschöne Frau handelt), Totò, nicht dort gewesen zu sein, Piero della Francesca, alles Schöne an einer schönen Frau, Homer, Joan Blondell, der September, Torroncino-Eis, Kirschen, Brunello di Montalcino, dicke Ärsche auf dem Fahrrad, Züge und das Proviantpaket im Zug, Ariost, Cocker und Hunde im allgemeinen, der Geruch feuchter Erde, der Duft von Heu und der von zerriebenem Lorbeer, Zypressen, das Meer im Winter, Leute, die wenig reden, James Bond, der One Step, leere Lokale, verlassene Restaurants, Öde und Düsternis, leere Kirchen, Stille, Ostia, Torvajanica, Glockengläut, Sonntagnachmittags allein in Urbino zu sein, Basilikum, Bologna, Venedig, ganz Italien, Chandler, Pförtnerinnen, Simenon, Dickens, Kafka, London, geröstete Maroni, die Metro, Busfahren, große, hohe Betten, Wien (obwohl ich nie dort gewesen bin), aufwachen, einschlafen, Schreibwarenhandlungen, Faber-Bleistifte No. 2, Vorprogramme, bittere Schokolade, Geheimnisse, die Morgendämmerung, die Nacht, Gespenster, Wimpy's, Stan und Ollie, Turner, Leda Gloria (aber auch Greta Gonda gefiel mir sehr gut), Soubretten und Ballerinen.

Kehren wir zu deinen Filmen zurück. Wir sind, glaube ich, bei der Episode ›Die Versuchungen des Dottor Antonio‹ aus ›Boccaccio '70‹ angelangt, mit der du den Zensoren von ›La Dolce Vita‹ eins auswischen wolltest, zudem dein erster Film in Farbe. Warum in Farbe? Wann ziehst du die Farbe dem Schwarzweiß vor?

Es gibt keine Regel, wann Farbe an die Stelle von Schwarzweiß tritt oder umgekehrt. Einem schlechten Farbfilm ist ein Schwarzweißfilm allemal vorzuziehen, vor allem wenn man bedenkt, wie sehr eine sklavisch genaue Wiedergabe oder eine platt-naturalistische Verwendung der Farbe die Phantasie einschränkt. Je genauer man die Realität nachahmt, desto mehr verfällt man in bloße Imitation.

Und wann wählt man Farbe? Wenn der Film selbst sich einem so darstellt, wenn seine ersten Bilder sich einem in Farbe offenbaren und die Farbe zum total expressiven Material wird, wenn sie Geschichte, Struktur und Gefühl des Films wird und zum Mittel, mit dem alles das wiedergegeben und erzählt werden kann. Wie im Traum, wo die Farbe Idee,

Gefühl ist – wie in der Malerei. Die Frage: »Träumst du in Schwarzweiß oder in Farbe?«, die einem oft gestellt wird, ist müßig. Ebenso gut könnte man fragen, ob eine Melodie Töne hat, wo doch jeder weiß, daß der Ton das Ausdrucksmittel der Melodie ist. Im Traum kann man eine rote Wiese, ein grünes Pferd oder einen gelben Himmel sehen; das ist durchaus nicht absurd. Denn diese Bilder sind durchdrungen von dem Gefühl, von dem sie inspiriert sind.

Das Problem liegt allenfalls in der technischen Wiedergabe der Farbe. Im Filmbild läßt sich Farbe nicht mit der gleichen Präzision in all ihren Nuancen festlegen, wie es zum Beispiel beim gemalten Bild möglich ist. Zwischen den Farben einer Filmszene dagegen findet eine regelrechte Ansteckung, ein fließender Austausch statt, der eine ständige Grenzüberschreitung bewirkt. Aber abgesehen von dem Ohnmachtsgefühl, das mich angesichts solcher unvorhergesehener Wirkungen oft erfaßt und mich wehmütig an das herrliche, suggestive, heißgeliebte Schwarzweiß zurückdenken läßt, denke ich, daß Farbe den Film um eine neue Dimension bereichert, nämlich um die symbolistische Dimension des Traums, mit dessen Ausdrucksweise das Kino ja zutiefst verbunden ist.

Und das Licht? Was bedeutet es für dich?

Das Licht ist die Materie des Films, und daher ist das Licht im Film – wie ich schon des öfteren gesagt habe – Ideologie, Gefühl, Farbe, Ton, Tiefe, Atmosphäre, Erzählung. Das Licht fügt hinzu und löscht aus, es schwächt ab und verstärkt, es bereichert, nuanciert, unterstreicht, deutet an, es macht das Phantastische, den Traum annehmbar und glaubhaft oder läßt im Gegenteil das Wirkliche phantastisch werden, es gibt der grauesten Alltäglichkeit etwas Traumhaftes, fügt Transparenzen hinzu, ruft Spannungen und Schwingungen hervor. Das Licht kann einem Gesicht Tiefe geben oder es glätten, es erzeugt Ausdruck, wo keiner ist, es verleiht der Dumpfheit Intelligenz und macht Unwissenheit verführerisch. Das Licht hebt die Eleganz einer Gestalt hervor, verherrlicht eine Landschaft oder erfindet sie aus dem Nichts, und es verzaubert einen Hintergrund. Das Licht ist der erste ›special effect‹, verstanden als Trick, Täuschung, Zauberei, Alchimistenwerkstatt, Wundermaschine. Das Licht ist die Droge, deren Rauch Visionen erzeugt; was auf dem Filmstreifen lebt, lebt durch das Licht. Die einfachste und mit primitivsten Mitteln aufgebaute Dekoration kann durch das Licht unerwartete, unverhoffte Perspektiven enthüllen und die Erzählung in eine ungewisse, beunruhigende Atmosphäre versetzen; man braucht aber die Belichtung nur um ein Fünftausendstel zu verstellen und eine andere im Gegenlicht einstellen, und schon löst sich jedes Angstgefühl auf, und alles wird heiter, vertraut, beruhigend. Ein Film wird mit dem Licht geschrieben, sein Stil drückt sich durch das Licht aus.

Kommen wir jetzt zu ›8½‹, den viele für deinen besten Film halten und der so oft nachgeahmt wurde, daß er nachgerade zum Genre geworden ist. Wie es den Western, den Krimi, den Historischen Film, den Science-Fiction- und Kriegsfilm gibt, so auch den Film vom ›Typ 8½‹. In fast allen Ländern der Erde gab es, gibt es und wird es wohl auch in der Zukunft noch eine Weile Regisseure geben, die ›8½‹ nachgemacht haben oder nachmachen werden.

Ich dagegen wollte ihn gar nicht mehr machen. Einen Tag vor Drehbeginn schrieb ich verlegen und verzweifelt an den alten Rizzoli einen Brief, der so anfing: »Lieber Angelino, ich bin mir bewußt, daß das, was ich dir jetzt sage, unwiderruflich das Ende unserer Arbeitsbeziehungen bedeutet. Auch unsere Freundschaft wird dadurch aufs Spiel gesetzt. Ich hätte dir diesen Brief schon vor drei Monaten schreiben sollen, aber bis gestern abend habe ich gehofft...«

Das Team und viele Darsteller waren bereits engagiert, an den Bauten wurde bereits gearbeitet. Von dem kleinen Büro aus, in dem ich den Brief schrieb, hörte ich die Zimmerleute hämmern. Warum also wollte ich mich zurückziehen, alles auffliegen lassen und mich aus dem Staub machen? Was war geschehen? Nichts weiter – ich wußte nur nicht mehr, was für einen Film ich machen wollte. Das Gefühl, die Essenz, der Duft, jener Schatten, jenes aufblitzende Licht, alles, was mich gereizt und fasziniert hatte, war verschwunden, vergangen, ich fand es nicht wieder.

In den Wochen zuvor hatte ich mit wachsender Angst versucht, noch einmal den Entstehungsweg dieses Films zurückzulegen, für den mir nicht einmal ein Titel eingefallen war. Auf die Mappe, in der ich meine Notizen sammelte, hatte ich vorläufig ›8½‹ geschrieben, was sich auf die Zahl der Filme bezog, die ich bis dahin gedreht hatte. Wie also war die Idee entstanden? Was war die erste Vorahnung von diesem Film, die erste Berührung mit ihm gewesen? Der vage und konfuse Wunsch, das Porträt eines Mannes an einem beliebigen Tag seines Lebens zu machen. Das Porträt eines Mannes, so sagte ich mir, in seiner widersprüchlichen, vieldeutigen, unfaßbaren Summe verschiedener Realitäten, in dem alle Möglichkeiten seines Seins, die verschiedenen, übereinanderliegenden Ebenen erkennbar werden. Wie in einem Haus, dessen Fassade eingestürzt ist und das nun sein gesamtes Innenleben offenbart: Treppen, Korridore, Zimmer, Dachboden, Keller; auch die Möbel der einzelnen Zimmer, die Türen, Decken, Leitungen und intimsten, geheimsten Winkel.

Das verschlungene, schillernde, unbeständige Labyrinth der Erinnerungen, Träume, Empfindungen, ein unentwirrbares Knäuel aus Alltäglichkeiten, Erinnerungen, Vorstellungen, Gefühlen, aus Begebnissen, die vor langer Zeit geschehen sind und mit denen, die gerade geschehen, zusammenleben, zwischen Nostalgie und Vorahnung ineinander übergehen, in einer stillstehenden und magmatischen Zeit. Du weißt nicht mehr, wer du bist oder wer du warst und wo dein Leben hinführt, das nur wie ein langer Halbschlaf ohne Sinn erscheint.

Eines Abends sprach ich darüber mit Flaiano, während wir im Auto nach Ostia ans Meer fuhren. Erzählend versuchte ich mir selbst über die Intentionen des Films klarzuwerden. Flaiano blieb stumm, er sagte kein Wort, machte nicht die kleinste Bemerkung. Er schien argwöhnisch, mißtrauisch, eifersüchtig zu sein. Ich hatte den Eindruck, daß er dachte, dieses Thema gehöre nicht ins Kino, und meine Erzählung sei eine überhebliche, maßlose, arrogante Grenzüberschreitung in einen Bereich, der allein der literarischen Gestaltung vorbehalten ist. Auch Tullio Pinelli, dem ich ein paar Tage darauf den Sinn jener flüchtigen Phantasie mitzuteilen suchte, schwieg perplex; vielleicht bezweifelte er, ob sich auf einem derart vagen und schwer in Fakten und Situationen übersetzbaren Impuls eine Geschichte aufbauen ließ. Wer mir aber mit der üblichen, überströmenden Begeisterung zustimmte, war Brunello Rondi, ein unschätzbarer Zuhörer. Ihm gefällt alles, er fängt für jedes Projekt Feuer und ist bereit, in jede Richtung mitzugehen und bei jedem Vorschlag mitzuarbeiten. Wir fingen jeder für sich an zu schreiben. Ich regte einen Gedanken, ein Thema, eine Situation an, und Pinelli, Flaiano und Brunello verfaßten jeder auf eigene Faust das Szenarium zu der entsprechenden Sequenz.

Noch aber hatte ich nicht entschieden, wer der Mann sein

sollte, dessen Porträt ich versuchen wollte. Welchen Beruf sollte er haben? Anwalt? Ingenieur? Journalist? Eines Tages beschloß ich, meinen geisterhaften Protagonisten in einen kleinen Thermalkurort wie etwa Chianciano zu versetzen. Allmählich schienen die Intentionen des Films konkretere Möglichkeiten zu eröffnen. Wir schrieben die Haremssequenz und die Nacht im Thermalbad mit dem Freund, der hypnotische Fähigkeiten besitzt. Jetzt hatte der Protagonist auch eine Frau und eine Geliebte, aber die Erzählung lief nach allen Seiten auseinander. Sie hatte weder einen Anfang noch einen zentralen Punkt, von dem aus sie sich entfalten konnte, und ich hatte auch noch keine Vorstellung, wie sie enden sollte. Pinelli fragte mich jeden Morgen, was unser Held von Beruf sei. Ich aber wußte es noch immer nicht, und es schien mir auch nicht so wichtig, obwohl ich allmählich etwas unruhig wurde.

Eines Tages kam ich dann zu dem Schluß, daß es nutzlos sei, mit dem Drehbuch weiterzumachen. Ich spürte, daß ich, um eine Lösung zu finden, die Gestalten jetzt von Angesicht zu Angesicht sehen, die Darsteller aussuchen, Besichtigungen machen und eine Unmenge von Dingen entscheiden mußte. Ich mußte mich aufmachen und meinen Film unter den Leuten suchen – in den Schneidereien, in Fiuggi, Montecatini, in den Studios. Ich mußte das Team zusammenstellen, mit dem Bühnenmeister und dem Kameramann sprechen – kurzum, ich mußte so tun, als sei der Film fertig und ich finge in einem Monat an zu drehen.

Ich entschied mich für Mastroianni, engagierte die Milo und ließ Anouk Aimée aus Paris kommen; in einem Wald in der Nähe von Rom begann man mit dem Aufbau des Thermalbads und in den Scalera-Studios mit dem Gehöft der Großmutter und den Hotelzimmern. Die große Produktionsmaschine war angelaufen: Termine, Verträge, Produktionspläne, Baupläne, Kostenvoranschläge. Ich aber saß in meinem kleinen Büro und konnte meinen Film nicht wiederfinden – er war verschwunden, weggegangen – wenn er überhaupt jemals existiert hatte.

Und damit wären wir wieder bei der kleinen Geschichte mit dem Brief, den ich an Rizzoli schrieb – eine erbauliche Geschichte wie aus einem Kitschroman. Ich hatte den Brief gerade halb fertig, da hörte ich Menicuccio, den Maschinenmeister, vom Hof aus mit dröhnender Stimme nach mir rufen. Er brüllte zu mir herauf, ich solle doch einen Augenblick ins Studio kommen, weil Gasparino – ein anderer Maschinist – Geburtstag habe und zu einem Glas Champagner einlade und sich freuen würde, wenn auch »il dottore« käme.

Ich also ins Studio. Zimmerleute, Maschinisten und Maler, alle mit einem Glas in der Hand, warteten auf mich in der großen Küche, die sie aufgebaut hatten und die der Küche im Bauernhaus meiner Großmutter nachgebildet war, allerdings vergrößert durch die Erinnerung. Gasparino, mit einer Maurerkappe auf dem Kopf und dem am Schenkel baumelnden Hammer, entkorkt die Flasche: »Das wird ein großer Film, Dottore, zum Wohl! Es lebe ›Otto e mezzo‹! Er füllt die Gläser, alle klatschen in die Hände, und ich hätte vor Scham in den Erdboden versinken mögen, ich kam mir vor wie der letzte Mensch, wie der Kapitän, der seine Mannschaft im Stich läßt. Ich gehe nicht wieder ins Büro hinauf, wo der halbfertige Kapitulationsbrief auf mich wartet, sondern setze mich gedankenleer und geistesabwesend auf eine Bank in dem kleinen Garten, mitten in das geschäftige Treiben von Arbeitern, Technikern und Schauspielern anderer Teams, die auch hier arbeiten. Ich sinniere über meine ausweglose Lage. Ich bin ein Regisseur, dachte ich, der einen Film machen wollte, der ihm entfallen ist. Und siehe da – genau in diesem Augenblick kam die Lösung, ich drang plötzlich ins Herz des Films vor. Ich würde genau das erzählen, was mir gerade geschah: die Geschichte eines Regisseurs, der nicht mehr wußte, was für einen Film er machen wollte.

Schön, aber zu der »Geschichte eines Regisseurs, der nicht mehr wußte, was für einen Film er machen wollte« – wie du es eben beschrieben hast –, kommen doch auch einige ganz neue Elemente hinzu wie die Träume und sogar die Traumsprache. Wie bist du auf diese Elemente gekommen, die dem Film ein eigenes Gepräge geben?

Die Lektüre einiger Bücher von Jung, die Entdeckung seiner Sicht des Lebens bedeutete für mich eine freudige Offenbarung, eine begeisternde, unverhoffte, einzigartige Bestätigung für etwas, das ich zu einem kleinen Teil schon vermutet hatte. Diese schicksalhafte, anregende, faszinierende Begegnung mit Jung verdanke ich Professor Bernhard, einem deutschen Psychotherapeuten. Ob das Jungsche Denken ›8½‹ und meine späteren Filme beeinflußt hat, weiß ich nicht; zweifellos aber haben die Bücher, die ich von ihm gelesen habe, meinen Kontakt mit tieferen Zonen gefördert und begünstigt und damit meine Phantasie angeregt und angespornt. Ich habe es immer für eine große Schwäche von mir gehalten, daß ich von nichts eine allgemeine Vorstellung habe. Die Fähigkeit, meine Präferenzen, Vorlieben und Wünsche in Gattungsbegriffe, Kategorien einzuordnen, geht mir völlig ab. Seit ich Jung gelesen habe, fühle ich mich erlöst und befreit von dem Schuldgefühl und dem Minderwertigkeitskomplex, den die genannte Schwäche immer in mir hervorgerufen hat.

Meinst du, daß die Psychoanalyse den Menschen, indem sie ihm geholfen hat, sich selbst besser kennenzulernen, auch glücklicher gemacht hat?

Darauf kann ich nicht antworten, weil ich nicht definieren kann, was ›Glück‹ heißt. Meiner Ansicht nach sollte die Psychoanalyse Schulfach werden und einem noch vor den anderen Wissenschaften beigebracht werden, denn von den vielen Abenteuern des Lebens scheint mir die Reise in unsere inneren Dimensionen, die Erforschung des unbekannten Teils an uns das lohnendste zu sein. Welches andere Abenteuer könnte so faszinierend, wunderbar und heroisch sein, trotz aller Gefahren, die es mit sich bringt?

Du scheinst ja ein strenggläubiger Jungianer zu sein. Glaubst du nicht, daß du damit Freud die Bedeutung absprichst, die ihm zukommt?

Ich bin absolut nicht in der Lage, mich wissenschaftlich oder kritisch über so bedeutende, so komplexe Denker zu äußern, die grundlegende Aspekte der menschlichen Seele verkörpert haben und ihnen Eingang in unsere Kultur zu verschaffen wußten. Tatsächlich haben wir mehr an ihrem Gedankengut teil und stehen tiefer in ihrer Schuld, als uns bewußt ist.

Von Freud habe ich weniger gelesen und kann daher nur einige gewagte, unsichere Eindrücke wiedergeben. Vielleicht ist Freud auf literarischer Ebene ein begabterer Autor als Jung, aber sein Rigorismus weckt in mir bei aller Bewunderung ein Gefühl des Unbehagens. Er ist ein Lehrer, der mich mit seiner Kompetenz und Sicherheit erdrückt. Jung aber ist ein Reisegefährte, ein älterer Bruder, ein Weiser, ein seherischer Gelehrter, der mir weniger von sich und seinen wunderbaren Entdeckungen eingenommen scheint. Freud will uns erklären, was wir sind, während uns Jung an die Pforte des Unerkennbaren führt und uns selbst sehen und verstehen läßt.

Jungs wissenschaftliche Demut vor dem Geheimnis des Lebens ist mir sympathischer. Seine Gedanken und Ideen erheben nicht den Anspruch, zur Doktrin zu werden, sie wollen uns lediglich einen neuen Standpunkt, eine andere Einstellung nahelegen, die zu einer Bereicherung und Entfaltung unserer Persönlichkeit führen kann, weil sie uns bewußter und offener macht und uns mit den verdrängten, frustrierten, gedemütigten und kranken Teilen unseres Ichs versöhnt. Für jemanden, der seine Selbstverwirklichung in der Dimension der kreativen Phantasie zu finden glaubt, ist Jung zweifellos wesensnäher, wohlgesinnter und befruchtender. Freud mit seinen Theorien verpflichtet dich zum Denken; Jung hingegen erlaubt dir, deine Phantasie spielen zu lassen und zu träumen, und wenn du ins dunkle Labyrinth deines Seins vordringst, dann scheint dir, als sei er wachsam und schützend zugegen.

Von dem wenigen, das ich gelesen habe, hat mich eines besonders beeindruckt und ist mir im Gedächtnis geblieben: die unterschiedliche Art und Weise, in der Freud und Jung das Phänomen der Symbolik betrachten. Mich hat diese Frage interessiert, weil ich als Kinoregisseur ja gehalten bin, bei meiner Arbeit symbolische Bilder zu benutzen. Für Jung ist das Symbol ein Mittel, um eine Intuition auszudrücken, für die sich keine besseren Ausdrucksmöglichkeiten finden lassen. Für Freud wird das Symbol als Ersatz für etwas benutzt, das der Verdrängung unterliegt und daher nicht ausgedrückt werden kann, sondern vergessen werden muß. Für Jung ist das Symbol also ein Mittel, das Unausdrückbare darzustellen, wenn auch nicht in eindeutiger Weise. Für Freud ist es eine Möglichkeit, das zu verbergen, was nicht ausgedrückt werden darf.

Hier kommen, wie mir scheint, die unterschiedlichen Lebensauffassungen der beiden großen Denker zum Ausdruck. Es handelt sich, wie gesagt, um zwei verschiedene Wege des Hinabsteigens in die menschliche Seele. Der von Jung fasziniert mich persönlich eben mehr.

Zwischen ›Julia und die Geister‹ und ›Toby Dammit‹, der schaurig-düsteren Episode aus ›Tre passi nel delirio‹, liegt eine dreijährige Pause; du machtest eine schwere Krankheit durch und hast dich mit der ›Reise des Mastorna‹ befaßt.

Wer weiß, wer jener Herr aus dem Mailänder Telephonbuch sein mag, das ich aufs Geratewohl aufgeschlagen hatte, um einen Namen für den Protagonisten der Geschichte zu finden, die ich damals machen wollte und die bis dahin einfach ›Die Reise‹ hieß. Dino Buzzati, ein Meister im Finden von merkwürdigen und zugleich echt klingenden Namen, hatte schon um die zwanzig vorgeschlagen und jedesmal, bevor er einen nannte, amüsiert und etwas unheilvoll gelacht. »Accherchiati« – Lachen. »Ingenieur Ermete Squoiato, aber mit c bitte!« – Dann: »Rondò, Tullio Rondò. Scidmeno, nein, lieber Scimno, Paolo Scimno!« Ich amüsierte mich köstlich dabei, aber nach einer halben Stunde habe ich dann doch das Telephonbuch zu Rate gezogen. Und dabei kam ›Mastorna‹ heraus.

Über diesen Film habe ich sehr viel geredet. Regelmäßig drei- bis viermal im Jahr fragt mich irgendein Journalist, mit dem ich befreundet bin, wie es denn dem ›Mastorna‹ gehe, ob es nun soweit sei, ob ich diesen verflixten Film endlich machen wolle. In gutem Glauben sage ich dann immer ja, und das reizende Gespenst taucht auch wirklich nach jedem Film wieder vor mir auf, wie um mich zu bitten, es doch zu verfilmen. Jedesmal aber kommt irgend etwas dazwischen, und das gloriose Relikt versinkt erneut in dem tiefen Höllenschlund, wo es seit nunmehr zwanzig Jahren liegt und von wo aus es wunderbarerweise noch immer sein Fluidum und seine radioaktiven Strahlungen aussendet, die allen meinen Filmen, die ich an seiner Stelle gemacht habe, Nahrung gegeben haben.

›Satyricon‹ hätte ich mir ohne den ›Mastorna‹ bestimmt nicht ausgedacht, jedenfalls nicht so, wie ich es dann verwirklicht habe; auch den ›Casanova‹ nicht und genauso wenig ›Die Stadt der Frauen‹. ›E la nave va‹ und ›Orchesterprobe‹ stehen ebenfalls ein bißchen in Mastornas Schuld. Das Merkwürdige dabei ist, daß diese Geschichte, die sich von so vielen meiner anderen Filme großzügig hat schröpfen lassen, in ihrer Erzählstruktur wie durch ein Wunder unversehrt geblieben ist. Sie ist weder geschrumpft noch abgemagert und ist immer noch die aktuellste Geschichte, die ich mir vorstellen kann. Ich kann keine Klarheit gewinnen über das Schicksal dieses Films. Vielleicht ist er auch gar kein Film, sondern ein Memento, ein Stimulans, eine Leiterzählung und hat die gleiche Funktion wie die Boote, die ein Transatlantikschiff aus dem Hafen hinausgeleiten – etwas, kurzum, das nicht ersonnen wurde, um realisiert zu werden, sondern um mir die Fähigkeit zu geben, anderes zu verwirklichen.

Einmal, im Wartesaal des Kopenhagener Flughafens, habe ich einen Metallkoffer mit leicht verbeulten Ecken gesehen, den jemand neben mir auf dem Boden abgestellt hatte. Auf dem Schild neben dem Griff stand ›Mastorna‹, ›J. Mastorna‹. Ich sah mich nach dem Eigentümer um, doch da rief der Lautsprecher meinen Flug auf. Ich war versucht, zu bleiben und dem mysteriösen Reisenden ins Auge zu sehen, aber die Reihe der Passagiere, die an Bord wollten, schob mich bereits dem Ausgang zu. Der Koffer stand noch immer einsam und verlassen dort auf dem Fußboden des Wartesaals, der jetzt leer war und sich nach und nach mit neuen Reisenden füllte. Erst im letzten Moment, als ich schon im Bus saß, der mich zum Flugzeug brachte, glaubte ich durchs Fenster zu erkennen, wie sich jemand nach dem Koffer bückte. Es war eine Frau. Eine Schwarze. Uff! Wird immer unwahrscheinlicher, dieser Mastorna!

Willst du auch jetzt nicht wenigstens andeuten, was diese ›Reise des Mastorna‹ eigentlich ist?

Ich versuche es erst gar nicht. Wenn jemand etwas über den Film erfahren möchte, den ich gerade mache, wird in mir schon seit jeher eine unbewußte Furcht ausgelöst, die sich auf der Stelle wie ein Nebelschleier um ihn legt und ihn, wie um ihn zu beschützen, entstellt, deformiert und verbirgt. Und so kommt es, daß ich den lieben Journalisten eine andere Geschichte, einen anderen Film erzähle. Vielleicht ist das eine übersteigerte Form von Scham, von Eifersucht; ich bange um das Leben des Projekts, das nackt und wehrlos in einer überaus verletzlichen Zone ruht, und wenn ich darüber berichte, habe ich den Eindruck, ich würde es verraten oder, schlimmer noch, seine hypothetische, undefinierbare Gestalt gefährlich verändern. Ich habe auch das beschämende Gefühl, daß ich es an Takt mangeln lasse, wenn ich über einen Film spreche, bevor ich ihn mache – wie jene eitlen und plumpen Aufschneider, die über eine Frau herziehen, die sie gerade erst kennengelernt haben. Wozu soll dieses ›Spionieren‹ gut sein? Wem nützt schon das Vorwegnehmen von etwas, das – wenn es dann verwirklicht worden ist – wahrscheinlich ganz anders sein wird, als es in der Phantasie war?

Wenn ich aus Höflichkeit, Überdruß, Freundschaft oder auch aus Eitelkeit schließlich doch anfinge, über den ›Mastorna‹ zu schwätzen, und sagen würde, daß es sich wieder einmal um eine Reise handelt, eine phantastische, geträumte Reise, eine Reise in die Erinnerung, ins Verdrängte, in ein Labyrinth mit unendlich vielen Ausgängen, aber nur einem einzigen Eingang, und daß das wahre Problem nicht darin besteht, hinauszufinden, sondern hineinzugelangen, und schamlos immer weitere Definitionen und Sprüche von mir gäbe – den Sinn des Films könnte ich sicherlich doch nicht vermitteln. Nicht einmal ich selbst kenne diesen Film. Er ist nur die Ahnung, der Schatten eines Films, vielleicht auch ein Film, den ich nicht machen kann.

Er wird wohl eine verbotene Frucht sein. Lassen wir also den ›Mastorna‹ und sprechen wir von einer anderen Reise, einer Reise in die heidnische Welt, in die Welt des Petronius: ›Satyricon‹.

Wie ›Casanova‹, ›Decamerone‹ und ›Orlando Furioso‹ gehörte auch ›Satyricon‹ schon seit den Zeiten der ›Vitelloni‹ zu jenen Filmen, die ich den Produzenten als Dreingabe versprochen habe, um ›La Strada‹ und vieles andere machen zu können, was mich wirklich interessierte. Ich hatte aber nie daran gedacht, diese Versprechungen auch tatsächlich einzulösen. Während ich mich von meiner Brustfellentzündung erholte, nahm ich wieder den Petronius vor, und dabei faszinierte mich eine Besonderheit, die ich vorher nicht weiter beachtet hatte – die fehlenden Teile, das Dunkel also zwischen den einzelnen Episoden. Schon in der Schule, als wir die Präpindarianer durchnahmen, hatte ich immer versucht, die Lücken zwischen den verschiedenen Fragmenten mit meiner Phantasie zu füllen. Der Lehrer wirkte fürchterlich komisch, wenn er erwartete, wir sechzehnjährige Flegel würden in Begeisterung ausbrechen, weil er mit seinem dünnen Stimmchen das einzige Gedicht deklamierte, das von einem Dichter erhalten geblieben war: »Ich trinke, gestützt auf die langschäft'ge Lanze.« Und ich löste damals bei meinen Klassenkameraden unbändiges Gelächter aus, indem ich mir eine ganze Serie von Fragmenten ausdachte, die wir dann frecherweise dem Lehrer vortrugen.

Doch die Sache mit den Fragmenten faszinierte mich wirklich. Der Gedanke, daß der Staub der Jahrhunderte die Schläge eines längst erloschenen Herzens bewahrt hatte, beeindruckte mich. Während eines Kuraufenthalts in Manziana stieß ich in der kleinen Bibliothek einer Pension auf Petronius und war erneut tief berührt. Er ließ mich an die Säulen, an die Köpfe mit den fehlenden Augen und abgebrochenen Nasen, an die ganze friedhöfliche Szenographie der Appia Antica oder an archäologische Museen im allgemeinen denken. Verstreute Fragmente, wieder auftauchende Bruchstücke von etwas, das auch als ein zum größten Teil verdrängter und vergessener Traum betrachtet werden konnte. Keine historische Epoche, die an Hand von Dokumenten philologisch rekonstruierbar, positivistisch nachgewiesen ist, sondern eine große Traumgalaxie, die im Dunkel versunken liegt zwischen funkelnden, bis zu uns herauftreibenden Splittern. Was mich gereizt hat, war wohl die Gelegenheit, diesen Traum, seine rätselhafte Transparenz, seine unergründliche Klarheit zu rekonstruieren. Denn mit den Träumen verhält es sich ja genauso. Ihre Inhalte sind uns zutiefst zugehörig, in ihnen drückt sich unser Wesen aus; die einzige Beziehung aber, die wir im Licht des Tages zu ihnen haben können, ist rein begrifflicher, intellektueller Natur. Daher erscheinen unserem Bewußtsein Träume so flüchtig, unverständlich und fremd. Die antike Welt, so sagte ich mir, hat nie existiert, doch es besteht kein Zweifel, daß wir sie geträumt haben. Man müßte die Grenze zwischen Traum und Phantasie aufheben, alles erfinden und diese phantastische Operation dann objektivieren, sich von ihr distanzieren, um sie als etwas Intaktes und zugleich Unerkennbares erforschen zu können.

Und wie ist der Film vom Publikum aufgenommen worden?

›Satyricon‹ wurde im ›Madison Square Garden‹ voraufgeführt, gleich nach einem Rockkonzert. Es werden wohl zehntausend junge Leute dort gewesen sein. Der Geruch von Heroin und Haschisch stieg einem in die Nase. Dieses märchenhaft wirkende Heer von Hippies, die auf unglaublichen Motorrädern und in kunterbunten, mit Lämpchen illuminierten Autos gekommen waren, bot ein hinreißendes Schauspiel. Es schneite, und die Wolkenkratzer von Manhattan waren von allen Seiten beleuchtet – gläserne Blöcke aus funkelndem Eis.

Die Vorführung war begeisternd. Die jungen Leute applaudierten bei jedem neuen Bild; viele schliefen auch, andere liebten sich. In diesem totalen Chaos lief der Film unerbittlich weiter, auf einer riesigen Leinwand, auf der sich das Geschehen im Saal zu spiegeln schien. Es war, als hätte der Film in diesem völlig unwahrscheinlichen Ambiente unverhofft und auf geheimnisvolle Weise seinen natürlichen Platz gefunden. Auch mir schien er nicht mehr zu gehören angesichts der überraschenden Offenbarung eines so geheimnisvollen Einverständnisses, so zarter, nie abgerissener Bande zwischen dem Alten Rom der Erinnerung und diesem phantastischen Publikum der Zukunft.

Meinst du, daß du mit den jungen Leuten gut auskommst?

Ich weiß nicht, wer sie sind, wie sie sind, ich kenne sie nicht und weiß nicht, wo sie sind und was sie tun. Sicher könnte man versuchen, das alles in Erfahrung zu bringen, aber ist nicht allein eine derartige Notwendigkeit schon ziemlich erschreckend? Ich frage mich, was da nur passiert ist, was unsere Generation auf einmal so verhext hat, daß man auf die jungen Leute plötzlich geschaut hat wie auf die Überbringer wer weiß welcher absoluten Wahrheit. Die Jugend, die Jugend, die Jugend... Als seien sie in Raumschiffen hergekommen... Sie wissen alles, wir brauchen ihnen nichts mehr zu sagen, verschonen wir sie bloß mit unserer Ignoranz, mit unseren Irrtümern...

Es muß das Verlangen nach einem Neubeginn gewesen sein und das Bewußtsein, vom Mißtrauen gegen uns selbst besiegt worden zu sein, das uns törichterweise dazu gebracht hat, die Schlüssel zu allem in die Hände von Kindern zu legen, die noch dazu nicht einmal wußten, wie sie damit umgehen sollten. Was zwischen 1950 und 1970 geschah, ist erschreckend und faszinierend: Die Generationen, die Erfahrung besaßen, haben die Macht an jene übergeben, die kaum den Kinderschuhen entwachsen waren. Nur ein kollektiver Wahn kann uns dazu gebracht haben, in fünfzehnjährigen Kindern Lehrer, Inhaber aller Wahrheiten zu sehen. Die Trümmer aller Ideologien vor Augen und der falschen Lehrer überdrüssig, haben wir vielleicht geglaubt, wir dürften es nicht mehr wagen, noch einmal den Mund aufzutun.

Und der Terrorismus? Glaubst du, daß er in gewissem Maß eine Folge, eine Auswirkung all dessen war?

Auch darauf habe ich keine Antwort; aber ich glaube nicht, daß sich die Sache so vereinfachen läßt. Der Terrorismus ist eine Realität, die ich zu verdrängen versucht habe. Wie kann ein junger Mann jemandem in den Kopf schießen, den er nicht einmal kennt, und dabei glauben, er könne mit diesem

Verbrechen leben? Welche Krankheit hat ihn befallen? Wir sind, wenn auch in größter Ahnungslosigkeit, sogar von den am meisten geliebten Dichtern daran gewöhnt worden zu glauben, Krieg rechtfertige den Mord; wenn aber kein Krieg ist, erscheint das alles unendlich viel grausamer und unerträglicher. Ich kann gerade noch verstehen, daß man auf jemanden schießt, den man als Feind betrachtet, aber es ist mir fast unbegreiflich, wie man dann sein Schuldgefühl kompensieren und loswerden kann.

Hitler, Stalin, die großen Tyrannen waren besessen von der Macht eines kollektiven Unbewußten, das sich in ihnen verkörperte. Sie waren das Zentrum obskurer Projektionen und drückten den kollektiven Wahnsinn aus. Weshalb aber ist der Handlanger, der von keinem Ideal verblendete Mörder, im Dunkel seiner erloschenen Vernunft und seiner rohen Gesinnung zum Töten bereit? In irgendeinem Winkel der Psyche müssen sich gewisse grausame Züge des Tieres Mensch bewahrt haben. Und es ist mir völlig gleich, wenn ›geschichtsbewußte‹ Leute sagen, wir dürften den Terrorismus nicht verurteilen, nur weil bestimmte Verbrechen irgendwann in der Zukunft vielleicht als patriotische Akte gelten könnten. Diese Art von Geschichtsbewußtsein geht mir völlig ab, es ist eine Perspektive, die mich nichts angeht. Was mich angeht, ist das Alltägliche, das, was zu meinen Lebzeiten ist; alles andere halte ich für Spekulation.

Wie hast du die ›bleiernen Jahre‹ Italiens erlebt? Ich will von dir keine Analyse des Terrorismus oder der P2, ich möchte vielmehr wissen, wie du diese Zeit empfunden hast, welchen Eindruck sie in dir hinterlassen hat.

Ich habe immer weitergearbeitet, und die Arbeit ist für mich ein Schutzschirm, ein Asbestpanzer, auch wenn der Rückzug in die Arbeit angesichts so perverser Geschehnisse nach Feigheit oder Flucht aussehen mag.

Ich empfand ein Gefühl der Ohnmacht; das lähmende Gefühl, nichts tun zu können, als hätte sich das Leben um dich herum infolge einer finsteren, absurden, irrationalen Verdammnis in ungeheuerlicher Weise verändert. Es war, als sei etwas Unabwendbares ins Rollen gekommen, als hätten wir alle eine geheimnisvolle, nicht ausfindig zu machende Schuld auf uns geladen, die einen ebenso unerforschlichen Destruktionsprozeß auslöste, gleich einem Krebsgeschwür, einem vom Krebs befallenen Organismus. Aber wo, wie, wann haben wir uns versündigt, daß wir diese unvermeidbaren, schrecklichen Folgen auf uns nehmen müssen? Und dann die Bestürzung angesichts der Unfähigkeit von Staat, Polizei und Carabinieri, dem Terror ein Ende zu setzen; und die erschreckende, abnorme Resignation angesichts der Schlagzeilen, der Fernsehkommentare, der Bestattungsrituale, der unerträglichen Litanei der Abscheubekundungen seitens der Regierenden.

Ein Alptraum, zu dem auch die Bestürzung und Fassungslosigkeit über den einen oder anderen Kommentator oder gewisse Zeitungen beitrug, die sogar noch Rechtfertigungen fanden, oder über die Torheit mancher Freunde, die sich von den Rächern ihrer Neurosen irgendwie ermutigt fühlten und mit Sympathie und kaum verhohlener Solidarität über sie sprachen; über gewisse Abgeordnete, die jene Bluthunde ›Genossen auf dem falschen Weg‹ oder ›Genossen Mörder‹ nannten. Und dann die geheimnisvolle Unergründlichkeit dieser Gesichter, Bärte, Schnurrbärte und Tarnmützen und das pseudopsychologische Geschwätz nach der Art: »Sie wollen die Leere in sich selbst töten« oder »sie schießen gegen die Angst, nicht zu existieren«; oder die noch haarsträubenderen Analysen von Soziologen und Politologen, die das

Phänomen als Verhängnis, als unvermeidlichen Prozeß hinstellen wollten.

Ja – mehr noch als die schrecklichen Greueltaten, der Anblick dieser armen achtzehnjährigen Carabinieri, die in einem Café, den Cappuccino in der Hand, von Maschinenpistolen durchlöchert wurden, mehr als das ganze Grauen der Schlachthausbilder, die abscheulicherweise auch noch im Fernsehen gezeigt wurden, mehr als die armen Körper alter Leute, die wie Tiere auf der Schlachtbank niedergemetzelt wurden, hat mich die Haltung vieler Intellektueller entsetzt, die in verwerflicher, feiger Weise nach Rechtfertigungen suchten, die unmittelbare Resonanz, die dieser unerträgliche Jargon mit so widerwärtigen Neologismen wie ›gambizarre‹ oder ›alzare il tiro‹ [von gamba = Bein: ins Bein schießen; alzare il tiro = den Schuß höher setzen: töten; d.Ü.] gefunden hat, die Flut von Berichten auf den ersten Seiten der Zeitungen; die ängstliche Hast, mit der – einer makabren Schatzsuche gleich – in den Abfallkörben nach Botschaften und Erklärungen gewühlt wurde, und die Telephonisten der Zeitungen, die aufgeregt und zitternd die Todessprache dieser Mörder mitstenographierten.

Das einzige Tröstliche waren die Gesichter der Leute bei den Begräbnissen. Ihr Schweigen, das sich wie eine kompakte Front diesem Wahnsinn entgegenstellte, der alles mit sich zu reißen und anzustecken drohte.

Allen denkbaren historischen oder philosophischen, immer aber zu allgemeinen und ungeniert unpersönlichen Begründungen stelle ich meine eigene entgegen, die Tatsache, daß ich Gewalt in jeder Form, jeder Gestalt und Ideologie verabscheue. Wer eine gewisse künstlerische Neigung hat, ist, glaube ich, von Natur aus konservativ und bedarf der Ordnung um sich herum; Lärm, Lieder, Kundgebungen, Schießereien, Barrikaden belästigen und stören ihn – er schließt die Fenster. Ich habe keine Veranlagung zum Revolutionär und war, wie mir scheint, auch nie mit Revolutionären befreundet. Lautstarkes Rebellentum, das auf die Ruhe der anderen keine Rücksicht nimmt, liegt mir völlig fern. Ich brauche die Ordnung, denn ich bin ein Übertreter dieser Ordnung und halte mir das zugute; und um mich als Übertreter zu betätigen, benötige ich eine sehr strenge Ordnung mit vielen Tabus, drohenden Strafen auf Schritt und Tritt, Moralismen, Umzügen und Männerchören. Und dann will ich meinen Lohn von den Behörden, vom Bürgermeister und vom Kardinal: wie ein Übertreter, der seinem Namen Ehre gemacht hat.

Laß uns ein bißchen Bilanz ziehen. Bist du zufrieden mit der Art, wie du in all den Jahren deine Phantasie genutzt hast? Meinst du, daß sie dazu beigetragen hat, unser Dasein zu bereichern, die Dinge transparenter und das Leben erträglicher zu machen?

Ich hege den beschämenden Verdacht, daß ich beim Unterzeichnen eines Filmvertrages auch nicht einmal auf den Gedanken gekommen bin, er verpflichte mich dazu, das Dasein des Publikums zu bereichern, die Dinge transparenter und das Leben erträglicher zu machen. Ist das sehr schlimm? Ich mache Filme, weil ich nichts anderes kann. Wenigstens glaube ich das.

Dieses Interview erscheint dreißig Jahre nach deiner ersten Regie. Nur Mut – zieh doch mal ein wenig Bilanz. Schmerzliche Erinnerungen, Reue, Hoffnungen …

Ich habe keine schmerzlichen Erinnerungen. Und wenn ich welche habe, dann will ich sie hier nicht zum besten geben.

Ich habe die Filme gemacht, die ich machen wollte und wie ich sie machen konnte. Aber ich würde sie gerne von jetzt an nicht mehr signieren, denn ich bin sicher, daß ich sie ohne die mit dem Namenszug verbundene lähmende Verantwortung besser und mit größerer Freiheit machen würde. Ich wäre gern zwanzig Jahre früher geboren und unter den Pionieren des Films gewesen, mit Za-la Mort, Za-la Vie und Polidor, in jener Gaukleratmosphäre der sonnenbeschienenen Zelte. An der Geburt des Kinos mitzuwirken, hätte meinem Temperament viel besser entsprochen, als erst dann hinzuzustoßen, als bereits das ›spezifisch Filmische‹, der Strukturalismus und die Semiologie sich seiner bemächtigt hatten. Natürlich sind dies unvermeidliche Angelegenheiten, die dem Film ein eigenes Bewußtsein als künstlerisches und kulturelles Faktum geben, ihn aber dafür jenes turbulenten und beunruhigenden Flairs, jener beinahe grausamen Heiterkeit berauben, die ihn zum Verwandten des Zirkus machte und ihn wie eine symbolische Reduktion der Wechselfälle des Lebens wirken ließ. Ich bereue, daß ich zwischen zwei Filmen immer zu viel Zeit verloren habe, daß ich manche Filme eingehen und andere in der Versenkung verschwinden ließ, aber ich stehe zu allem. In Anbetracht meiner Voraussetzungen – Trägheit, Halbherzigkeit, Unwissenheit, Hang zum Vagabundentum – finde ich, daß alles bestens gelaufen ist. Besser, als ich mir erhoffen konnte.

Auch in meinem Privatleben war ich vom Glück begünstigt. Ich bin sehr gefördert worden, aber indem ich mich einfach treiben ließ, habe ich vielleicht auch selbst dazu beigetragen, daß immer alles gutgegangen ist. Wenn mich etwas drängte, lockte und anzog, habe ich mich nie dagegen gewehrt. Mit Bildern Geschichten zu erzählen, war der hauptsächliche Sinn meines Lebens, und ich glaube, auch mein Privatleben war so geregelt, daß die Arbeit die wichtigste Rolle spielte. Auch was meine Frau, meine Freunde, meine Gefühle oder meinen Mangel an gewissen Gefühlen betrifft, kann ich wohl sagen, daß es keine Ablenkungen, Verpflichtungen oder Verantwortlichkeiten gab, die mich von der Arbeit abgehalten hätten.

Falls es anders gewesen sein sollte und ich trotzdem weiter Filme gemacht habe, dann wird der Rechenschaftsbericht unangenehmer. Sicher ist aber, daß ich mich hinsichtlich meiner Arbeit nicht verändert fühle. Wohl habe ich den figurativen Aspekt vertieft und mich von fremden, vorgefertigten Schemata freigemacht, das Universum aber, in dem ich lebe, ist immer noch das gleiche. Im Lauf der Jahre habe ich auf verschiedenen Ebenen gelebt, deren Tiefe und Weite aber immer gleich waren.

Wenn ich als Kind unter einem Zirkuszelt stand, habe ich alles wie verzaubert betrachtet: Jetzt gehört mir der ganze Laden, ich dirigiere und provoziere ihn. Komme ich jetzt als Gast in ein Hotel, dann fühle ich mich wie der Herr im Haus – ich kann den Portier oder den Laufburschen machen, ebenso gut aber auch den Maharadscha, der die Suite in der ersten Etage mietet. Hoffnungen? Ach, ich mache mir kaum Illusionen, ich habe nicht mal das Bedürfnis, mich in die Zukunft zu projizieren. Und wenn es einmal Lücken zu füllen gäbe, ich hätte genug zu tun. Ich habe mich so wenig den anderen, meinen Freunden, meiner Frau gewidmet. Ich hätte nur die Qual der Wahl...

Es wird behauptet, daß du mittlerweile von deinem Mythos zehrst und dir nur noch wenig Neues einfallen läßt. Sei mal ehrlich – spürst du, daß mit den Jahren die Inspiration nachläßt?

Ich weiß nicht, welches mein Mythos sein soll, und was die nachlassende Inspiration betrifft, so ist es ja das Unglück und zugleich auch das Glück, daß man so etwas gar nicht bemerkt. Ich stelle bei mir jedenfalls kein Erlahmen der Schaffensfreude fest, wenn du das meinst, und genauso wenig ein Versiegen der Ideen und Anregungen, die ich, wie mir scheint, immer noch unentwegt und genauso zahlreich habe wie früher, als ich den Jahren nach jünger war. Was ich aber immer mehr vermisse, das ist, wie ich schon gesagt habe, ein Organisator, einer, der meine Arbeit plant. Einer, der sagt: »Okay, alles klar. Du bist zwar über sechzig, spielst aber immer noch gern Kasperletheater. Laß mich nur machen, die Unannehmlichkeiten schaff' ich dir aus dem Weg. Was hast du denn vor? Die ›Drei Musketiere‹? Gut, dann mach' die ›Drei Musketiere‹. Die geheimnisvolle Insel? Den gesamten Poe? Die Geschichten von Chandler? Und diesen ›Mastorna‹, machst du den jetzt oder nicht?« Siehst du, ich will ja gar nicht reich werden, mir genügt ein Monatsgehalt und jemand, der mir die Arbeit organisiert. Wenn ich so einen fände, dann bräuchte ich mich nicht im geringsten erschöpft zu fühlen. Nachdem es mir vergönnt war, derart private Filme zu machen, gewissermaßen auf die allervergnüglichste Weise vor mich hin zu masturbieren, würde ich vor Freude Purzelbäume schlagen, wenn mich jemand verpflichtete, den ›Grafen von Montecristo‹ oder irgendeine andere populäre Erzählung aus dem neunzehnten Jahrhundert zu verfilmen.

Wir kommen vom Hundertsten ins Tausendste. Ist deiner Ansicht nach die Commedia all'italiana *das dem italienischen Kino angemessenste Genre?*

Die italienische Komödie hat eine bestimmte Phase unserer Gesellschaft abgebildet. Im Rückblick neigen wir heute dazu, ihr ein kritisches Bewußtsein zuzuschreiben, das sie wahrscheinlich gar nicht besaß. Sie weckt unsere Neugier oder belustigt uns, nicht anders als es uns beim Blättern in einem alten Photoalbum ergeht, das uns zum Lachen reizt, weil wir uns in unserer Abhängigkeit von lächerlichen Moden komisch, häßlich oder pathetisch finden; doch von all dem hatte der Photograph, der uns damals ganz einfach dargestellt hat, wie wir eben waren, nicht die geringste Ahnung.

Ich habe den Eindruck, auch die Komödie *all'italiana* gehört mehr zu der Art von Koinzidenzen und Abbildungen, die derart selbstgefällig, augenzwinkernd und sympathieheischend sind, daß der kritische, zensorische, mißbilligende Aspekt darüber unvermeidlich in Bedrängnis gerät. Alle sind zufrieden, der Produzent, der Drehbuchautor, der Regisseur, die Schauspieler und natürlich auch das Publikum. Die Zuschauer spiegeln sich im Film, der Film in den Zuschauern, in einem Identifikationsspiel, das immer weniger durchschaubar und mit immer weniger erkennbaren Intentionen unendlich weitergeht. Mir scheint über alledem eine etwas unselige Fröhlichkeit zu hängen, ein schrilles Liberty-Gelächter, eine anstößige Freizügigkeit, die den Konsul beleidigt, nur um seinen Triumph zu sanktionieren und sich seine Nachsicht zu erwerben.

Ich möchte hier nicht in kleinlicher Art und Weise über Filme reden, die ich zum größten Teil nicht einmal gesehen habe und die sich keineswegs aufs Geratewohl in ein Genre einordnen lassen, sondern jeweils für sich betrachtet werden müssen. Immerhin glaube ich zu verstehen, daß anklagende Empörung wenig zu tun hat mit Geschichten, die ständig Solidarität, Genugtuung und ein fundamentales Mißverständnis hervorrufen, das darin besteht, sich für besser zu halten als die Darstellung unserer schlechtesten Seite. Sicherlich hat es dazu tüchtiger Komiker bedurft, wahrer Konzentrate nationaler Eigenheiten, Mängel, Fehler, Tugenden,

Ticks, somatischer Merkmale; authentischer komischer Talente, mitreißender Gestalten, und sie konnten sich auf diesem Terrain entfalten. Aber wer sagt denn, daß sie nicht auch auf anderen Wegen und in anderen Zusammenhängen auf jeden Fall ihren Platz gefunden hätten?

Es gibt Leute, die behaupten, die italienische Komödie spiegele – wenn auch mit unedlen Mitteln – gewisse Aspekte der italienischen Realität wider, während du dagegen diese Realität entstellst ...

Ich finde durchaus nicht, daß ich die Realität entstelle. Allenfalls stelle ich sie dar. Dabei bediene ich mich der Kategorie des Ausdrucks, und diese verwirft, wählt aus und fügt neu zusammen gemäß dem Äquilibrium der Geschichte, des Erzählens, der Notwendigkeit also, die anderen – das Publikum – an einem Standpunkt, einer Empfindung von mir teilhaben zu lassen. In diesem Sinne kann man Ausdruck immer als Entstellung mißverstehen, und vielleicht ist er das sogar, denn er ist eine filtrierte, in der Darstellung neu geordnete Wirklichkeit. Auch die Dichtung, die Musik und sogar das naturalistische Gemälde deformieren die Wirklichkeit. Kunst als Ordnung, als Harmonie, die aus dem Undifferenzierten und dem Chaos erwachsen ist, deutet eine rein innere Erkennbarkeit an und folgt dabei dem, was man als ästhetisches Empfinden bezeichnet. Deshalb ist es mir immer etwas unbegreiflich, wenn von meinem ›Bedürfnis‹ gesprochen wird, ›die Realität zu deformieren‹. Das ist so ein Allgemeinplatz, der mir gerne angehängt wird und der die Leute immer wieder veranlaßt, mich mit staunender Bewunderung, aber auch mit liebenswürdig-vorwurfsvoller Miene zu fragen: »Wo treibst du nur alle diese Typen auf?« Eine Frage, auf die es keine Antwort gibt, weil ich die Typen weder suche noch finde. Ich sehe sie einfach. Man braucht sich doch nur umzusehen oder in den Spiegel zu blicken, dann stellt man fest, daß man von komischen, schrecklichen, entstellten, höhnischen, entsetzten Gesichtern umgeben ist. Unsere Gesichter sind es, die Gesichter des Lebens.

Du hast immer viele, oft bedeutende und berühmte Mitarbeiter um dich gehabt. Ist einer dabei, an dem dir mehr liegt als an den anderen, einer, der dir besonders teuer ist?

Es ist wahr, ich habe Mitarbeiter gehabt, die mir sehr teuer waren, nicht nur wegen ihres Talents, ihrer Phantasie und Intelligenz, sondern auch wegen der heiteren Freundschaft, die uns verband und unsere Zusammenarbeit so unbeschwert und aufregend machte wie eine Landpartie, eine Reise, einen Ausflug. Ich will an den einen oder anderen von ihnen erinnern: Piero Gherardi, der das Dekor und die Kostüme von ›La Dolce Vita‹ und ›Julia und die Geister‹ gemacht hat, ein aristokratischer Clochard, ein intellektueller Gast im Hause des Trimalchio, weise und gleichmütig wie ein Tempelbonze und zugleich gierig, gefräßig und unreif wie ein Neugeborenes. Ich erinnere mich an gewisse Nächte, die wir gemeinsam im Auto verbracht haben, als wir uns auf der Suche nach einer Lichtung für das ›Paese dei Balocchi‹ [Das Land der Spielereien] in einem tiefen Räubertal verfahren hatten. Ich habe es noch keinem gesagt, aber zu den nie realisierten Projekten gehörte auch ›Pinocchio‹.

Ein anderer kongenialer Mitarbeiter, mit dem ich mich sehr gut verstehe, ist Danilo Donati, ein phantasievoller, überaus ideenreicher Schöpfer von Kostümen und Bühnendekors. Von der Ausstattung her halte ich ›Satyricon‹ und ›Casanova‹ für meine faszinierendsten Filme.

Für einen Filmautor sind nicht nur die Bühnenbildner,

Kameramänner und Drehbuchautoren sehr wichtige Mitarbeiter; auch ein geschickter, ausgekochter, kluger und wagemutiger Produktionsleiter kann eine wichtige Triebfeder eines Films sein.

Tullio Pinelli, mit dem ich zahlreiche Drehbücher geschrieben habe, halte ich für einen mit der Berufung und dem Talent eines echten Romanciers ausgestatteten Erfinder von Geschichten und Konstrukteur von Handlungen, Situationen und Personen.

Zusammen mit Flaiano bildeten wir das perfekte Dreigespann. Pinelli kümmerte sich um die Erzählstruktur, das war seine fixe Idee; und Flaiano tat alles, um sie zu Fall zu bringen und in Trümmer zu legen – manchmal war er dabei verheerender als ein Wildschwein im Bohnenfeld. Doch gerade auf Grund dieser so gegensätzlichen Strebungen konnten dann die Teile des Gebäudes, die inmitten der Trümmer stehengeblieben waren, als tragende Struktur der Geschichte betrachtet werden. Mit Flaiano verband mich die gleiche humorvolle Art, die Dinge zu sehen, der Hang zu entdramatisieren, der Sinn für Spaß und Komik und ein neurotisch-melancholischer Zug, der ihn mir sehr vertraut machte.

Auch die Begegnung mit Bernardino Zapponi war sehr stimulierend. Wir haben gut zusammengearbeitet. Wir hatten die gleichen Erfahrungen, die gleichen Abenteuer hinter uns – den ›Marc'Aurelio‹, das Variété, wir begeisterten uns für die gleichen Dinge und hatten die gleichen Vorlieben für Poe, Dickens, Lovecraft, Science-Fiction, Okkultes und Gespenstisches, mythologische Abenteuer, Bühnenvorhänge – und die gleiche Angestellten-Mentalität gegenüber der Arbeit, eine Mischung aus Schlendrian und Angst vor dem Entlassenwerden.

Mit Tonino Guerra habe ich ›Amarcord‹ und ›E la nave va‹ geschrieben. Uns verbindet der gleiche Dialekt, die Kindheit, die wir in der gleichen Hügellandschaft verbracht haben, der Schnee, das Meer, die Berge von San Marino. Die beiden Dörfer, wo wir geboren wurden, liegen nur neun Kilometer auseinander; als Kind fuhr ich zusammen mit Freunden auf dem Fahrrad bis nach Sant'Arcangelo, und damals kam es uns vor, als spräche man dort eine völlig andere Sprache. Für uns aus Rimini war Sant'Arcangelo ein Dorf, das erst noch kolonisiert werden mußte – noch nicht einmal Missionare waren dort gewesen: »Chef, die Träger wollen umkehren!« sagte Titta in Anspielung auf den primitiven und unwirtlichen Zustand von Sant'Arcangelo.

Mein wertvollster Mitarbeiter aber – da brauche ich nicht lange zu überlegen – war Nino Rota. Zwischen uns beiden bestand auf Anhieb eine völlige, totale Vertrautheit, schon seit dem ›Weißen Scheich‹, dem ersten Film, den wir zusammen gemacht haben. Unser Einvernehmen bedurfte keiner Anlaufzeit. Ich hatte beschlossen, Regisseur zu werden, und Nino war die Voraussetzung dafür, daß ich es blieb. Er besaß ein geometrisches Vorstellungsvermögen und erschaute die Musik in himmlischen Sphären, so daß er die Bilder meiner Filme gar nicht erst zu sehen brauchte. Wenn ich ihn fragte, welche Motive er als Hintergrund für diese oder jene Sequenz vorgesehen habe, merkte ich ganz deutlich, daß die Bilder ihn nichts angingen: Seine Welt war eine innere Welt, die der Realität schwer zugänglich war. Er erlebte Musik mit der Freiheit und Mühelosigkeit eines Wesens, das in einer ihm von Natur aus kongenialen Dimension lebt.

Er besaß eine sehr seltene Eigenschaft, die kostbare Gabe der Intuition. Diese Gabe ließ ihn so unschuldig, graziös und heiter erscheinen. Aber versteh mich nicht falsch. Wenn sich die Gelegenheit bot oder auch, wenn sie sich nicht bot, konnte er die scharfsichtigsten, tiefgründigsten Äußerungen tun und erstaunlich treffsicher über Menschen und Dinge urteilen. Wie Kinder, wie manche einfachen Leute, wie mit übernatürlichen Fähigkeiten ausgestattete Personen oder unschuldige und naive Menschen sagte er unvermittelt faszinierende Dinge.

Während der Herstellung meiner Filme pflege ich bestimmte Schallplatten als Hintergrundmusik zu spielen. Die Musik kann für eine Szene bestimmend sein, ihr einen Rhythmus geben und eine bestimmte Lösung, den Charakter einer Gestalt suggerieren. Manche Motive schleppe ich schon jahrelang verschämt mit mir herum, zum Beispiel ›La Titina‹ und den ›Einzug der Gladiatoren‹, die für mich mit ganz bestimmten Empfindungen und gefühlsbetonten Themen verbunden sind. Wenn ich den Film dann fertig gedreht habe, kommt es vor, daß mir diese improvisierte Tonspur liebgeworden ist und ich sie nicht mehr ändern will. Nino stimmte mir immer sofort zu und sagte, die Melodien, mit denen ich gedreht hätte, seien wirklich wunderschön – auch wenn es sich um die schnulzigsten und abgedroschensten Schlager handelte –, sie seien genau das Richtige und er selbst hätte auch nichts Besseres machen können. Und während er so sprach, klimperte er ein wenig auf dem Klavier herum. »Was war das?« fragte ich nach einer Weile, »was hast du da gerade gespielt?« – »Wann denn?« fragte Nino mit zerstreuter Miene. »Gerade eben, während du gesprochen hast, da hast du noch etwas gespielt«, insistierte ich. »Ach, ja?« sagte Nino, »keine Ahnung, ich weiß es nicht mehr.« Dabei lächelte er mich an, wie um mich zu beruhigen, daß ich keine Gewissensbisse oder Skrupel zu haben brauchte – die Platten, die ich benutzt hatte, waren ja wunderschön. Und er fuhr fort, wie zufällig da und dort zärtlich die Tasten des Klaviers anzuschlagen.

So entstanden die neuen Motive des Films, die mich sofort eroberten und mich den Zauber der alten Melodien, die ich während der Aufnahmen verwendet hatte, vergessen ließen. Ich setzte mich zu ihm, neben das Klavier, und erzählte ihm den Film, erklärte ihm, was ich mit diesem oder jenem Bild, mit dieser oder jener Sequenz vermitteln wollte; er aber folgte mir gar nicht, war abwesend, auch wenn er nickte und mit zustimmenden Gebärden ja sagte. Denn in Wirklichkeit war er bereits dabei, Kontakt mit sich selbst aufzunehmen, mit den musikalischen Motiven, die bereits in ihm waren. Und wenn dieser Kontakt hergestellt war, folgte er dir nicht mehr und hörte nicht mehr zu. Er setzte die Hände auf die Tasten und legte los wie ein Medium, wie ein wahrer Künstler. Zum Schluß sagte ich: »Wunderbar!«, aber er gab mir zur Antwort: »Jetzt hab' ich's schon wieder vergessen.« Derartigen Katastrophen beugten wir darauf mit Tonbandgeräten vor. Man mußte sie allerdings einschalten, ohne daß er es bemerkte, denn sonst wurde der Kontakt mit der himmlischen Sphäre unterbrochen...

Mit ihm zu arbeiten war eine reine Freude. Du konntest seine Kreativität so intensiv spüren, daß sie dich in eine Art Rausch versetzte und du zuletzt das Gefühl hattest, du selbst machst die Musik.

Nino kam immer erst am Ende, wenn der Streß mit den Aufnahmen, der Montage und der Synchronisation am größten war. Aber sowie Nino auftauchte, war der Streß wie weggeblasen, und alles verwandelte sich in ein Fest. Der Film trat in eine heitere, ruhige, phantastische Zone ein, in eine Atmosphäre, aus der er gleichsam ein neues Leben bezog. Und nachdem ich so viel Gefühl, so viel Aufregung, so viel Licht in den Film investiert hatte, wirkte es dann immer sehr verblüffend, wenn er sich zu mir umwandte, auf den Hauptdarsteller deutete und fragte: »Wer ist denn das da?« – »Das ist der Hauptdarsteller«, antwortete ich ihm. »Und was macht er?«, fügte er in vorwurfsvollem Ton hinzu, »du sagst mir ja nie etwas!« Unsere Freundschaft lebte in der Musik.

Außerhalb meiner Arbeit aber möchte ich keine Musik hören. Sie konditioniert mich, beunruhigt mich, ergreift von mir Besitz. Dagegen wehre ich mich, indem ich sie ablehne, vor ihr davonlaufe wie ein Dieb vor günstigen Gelegenheiten. Vielleicht hängt das auch wieder mit meiner katholischen Erziehung zusammen. Denn Musik macht mich melancholisch, erfüllt mich mit Reue; sie ist wie eine mahnende Stimme, die dich verzehrt, weil sie dir eine Dimension der Harmonie, des Friedens und der Vollkommenheit in Erinnerung ruft, aus der du ausgeschlossen, verbannt worden bist. Musik ist grausam. Sie pumpt dich voll mit Sehnsucht und Trauer, und wenn sie vorbei ist, weißt du nicht, wohin sie geht. Du weißt nur, daß sie unerreichbar ist, und das macht dich traurig.

Ich brauche nur jemanden mit den Fingern auf den Tisch trommeln zu hören, und schon bin ich aus der Ruhe gebracht und werde in den fremden Sog gerissen, den dieser Rhythmus erzeugt. Nino hingegen konnte mitten in einem Orchester, das gerade mit voller Lautstärke eine seiner Melodien spielte, die Noten einer anderen Melodie aufschreiben, die nur er hörte. Eine Art Fakirakt, der mich bestürzt!

Weshalb hast du dich nie dazu bewegen lassen, bei einer Oper von Nino Rota Regie zu führen? Hast du gegen die Oper die gleichen Vorbehalte wie gegen die Musik im allgemeinen?

Die Oper hat einen wahrlich faszinierenden Aspekt von Wahnsinn. Meine Vorbehalte? Die liegen darin, daß ich von der Oper nicht die geringste Ahnung habe. Natürlich ist mir klar, daß die Oper genauso zu meinem italienischen Wesen gehört wie die Bersaglieri, Garibaldi und die römischen

Kaiser. ›Celeste Aida‹, ›Questo o quella per me pari sono‹, ›Stride la vampa‹ – das sind Klänge, die mich von Anbeginn begleitet haben. Seit jeher habe ich sie gehört. Alle meine Tanten, alle Cousinen haben wir in ihr Spitzentaschentuch weinen sehen, während sie ›Mi chiamano Mimí‹ sangen, wohingegen die Onkel beim Singen von ›Se quel guerrier io fossi‹ außer sich gerieten. Diese Dinge sind uns so zu eigen, daß sie uns fremd geworden sind wie das Unbewußte. Ich empfinde für die Oper die gleiche vertraute Fremdheit wie für die Schule, den Campingplatz ›Dux‹ und für alles, was einer Kaste eigentümlich ist, was zeremoniellen Charakter hat und mich schon immer in einen Zustand der Entfremdung, der Einsamkeit gestürzt hat.

Der Schmied, der den Kessel reparieren kam, die Matratzenmacherin, die jene weichen Matratzen neu ausstopfte und singend durchs Haus ging; jene märchenhaften Erscheinungen des Scherenschleifers und des Kaminkehrers, der einem Kobold glich – keiner, der nicht irgendwann einen der geheimnisvollen Sätze vor sich hingesungen hätte, die ins Reich der Oper gehören. Und wenn ich fragte: »Warum singst du denn ›se quel guerrier io fossi‹?«, dann gaben sie mir zur Antwort, das sei eine Oper, und fingen an, sie mir zu erzählen. Und diese Erzählungen waren immer düster, blutrünstig, handelten von grausamen Racheakten und von Liebenden, die sich lebendig ins Grab legten.

Und dann die Betrunkenen, die ›Vecchia zimarra‹ sangen. Für mich hatte Oper immer ein bißchen mit Betrunkenen zu tun. Nachts, wenn sie allein auf der Piazza waren und ihnen die Jacke von den Schultern auf den Boden gerutscht war, sangen sie aus vollem Halse sämtliche Opern. Für mich sind diese Betrunkenen die ersten Opernsänger gewesen.

Unser Haus in Rimini, in dem ich als Kind wohnte, war das letzte im Borgo San Giuliano; gleich dahinter fing die große

Landstraße an, die bis nach Cesena ging. In Rimini hatten wir sogar ein Theater, das ›Vittorio Emmanuele‹, aber aus irgendeinem Grund, an den ich mich nicht erinnere, war es häufig wegen Reparaturarbeiten geschlossen. Irgend etwas war immer kaputt, und so wurden die Opern in Cesena im ›Bonci‹ gespielt. Da die Plakate aber auch in Rimini aufgehängt wurden, fuhr über die Hälfte der Riminesen in Kaleschen, mit dem Omnibus oder der Kleinbahn nach Cesena zur Oper.

Um vier Uhr morgens hörte man dann die betrunkenen Stimmen der Heimkehrenden, die Duette, Chöre und Romanzen sangen. Dieser abgekämpfte, auf Fahrrädern, zu Fuß, in Kaleschen und Karren daherkommende Trupp, der da in der Dunkelheit aus Cesena zurückkehrte, kam mir wahrhaftig vor wie die Invasion einer Armee nach wer weiß welchem Raubzug. Allmählich wurde es Tag, und in jenem unbestimmten Licht blieb ein gewisser Ubaldini, ein musikbesessener Schweißer, eines Morgens unter meinem Fenster stehen und sagte zu mir: »Ruf den Papa und die Mama!« Er hatte sich die ›Perlenfischer‹ angesehen. Mit einer wunderschönen Stimme begann er ›Un di m'era di gioia...‹ zu singen, während hinter ihm die Soldateska vorüberzog. Dann wurde ihm übel von dem Wein, den er getrunken hatte, er wurde in unser Haus geschleppt und auf einen Schaukelstuhl gesetzt. Er sah aus wie tot und jagte uns einen gewaltigen Schrecken ein. Doch nach einer Weile fing er mit geschlossenen Augen und einem ganz dünnen Stimmchen wieder zu singen an.

Ich habe mich immer als Fremder und irgendwie schuldig gefühlt, weil ich an diesem inbrünstigen, leidenschaftlichen, kollektiven italienischen Ritus nicht teilnehmen wollte. Warum aber mochte ich diesen dunklen Aspekt meiner italienischen Wesensart, diesen innigen und leicht obszönen, animalischen Ritus nicht annehmen? Und doch scheint mir, als drücke sich die Oper – mit ihrer betäubenden Wirkung, ihren brigantesken Aspekten, ihren Grabgesängen, Racheakten, den ins Unvorstellbare gesteigerten Liebesaffären und ihren pathologischen Zügen – gerade auch mittels ihrer Fehler sehr gut aus. Die italienische Oper existiert nicht unabhängig von ihrer Aneignung.

In all den Jahren ist sie durch die italienische Einigung, die Kriege, den Faschismus und die Resistenza gegangen ... Wie kann man ihr die ursprüngliche Reinheit wiedergeben? Die Oper ist ein Ritus, ein Hochamt, ein Hirtenlied. Sie muß respektiert werden, wie sie aufgeführt wird, selbst wenn sie in irgendeinem regionalen Dialekt gesungen wird. Warum sollte man eine Episode in ein rigides Ausdrucksschema zwängen, deren Vitalität doch gerade darin liegt, daß sie so ist, wie sie eben ist, wie sie an einem bestimmten Abend statthat, nicht anders als eine Prozession oder ein Begräbnis?

Glaub nur nicht, daß ich einen Reinfall fürchte! Solche Ängste habe ich nicht. Ich würde mich von Anfang an auf ein enttäuschendes Ergebnis gefaßt machen. Aber es ist gerade die Achtung vor meiner Arbeit, die mich abhält und die mich lähmt. Ich bin völlig unwissend, aber auf der Bühne würden alle auf mich blicken und alles tun, was ich verlange. Dabei müßten allerdings sie mir sagen, wie man's macht. Wenn ich wenigstens revolutionäre Ideen für die Oper hätte! Aber meiner Ansicht nach ist sie völlig in Ordnung, so wie sie ist, genau so, wie sie ist.

Im Fernsehen habe ich eines Abends eine wahnwitzige Aufzeichnung der ›Traviata‹ gesehen. Der Regisseur oder der Kameramann ging auf der Bühne hin und her wie jemand, der in der Entbindungsstation auf die Geburt seines Kindes wartet, und holte mit seinem Zoomobjektiv alles heran – die Teppiche, die Schuhe, die Nägel im Fußboden, die Goldzähne der Sänger. Er hätte auch das Bild von einem Waschmittel einblenden können. Keinen Augenblick stand er still. Die Großaufnahmen quollen aus dem Bildschirm heraus; man konnte sehen, daß der Tenor aus Caserta stammte und die Sopranistin aus Venedig.

Nun gut, trotz dieser massakrierenden Aufnahme, trotz der Gesichter der Sänger und obwohl ich – bei eingeschalteter Lampe in einem kleinen Zimmer bei mir zu Hause – allein war und unten auf der Straße immer wieder die Sirenen der Polizeiautos heulten, die wer weiß wohin rasten: Trotz alledem habe ich den ganzen Abend geweint. Ich weinte am Ende des ersten Akts, und schon beim dritten Ton des zweiten Akts fing ich wieder an. Und ich war froh, daß ich weinte.

Vielleicht ist ›La Traviata‹ die absolute Perfektion – eine Sphäre, Gefühl in Reinkultur. Nicht einmal der Verrückte mit der Fernsehkamera in der Hand hatte es geschafft, sie kaputt zu machen. Nun denn, wenn dem so ist, was sollte man da noch besser machen als Verdi?

›Die Clowns‹, ›Roma‹, ›Amarcord‹ … Anfang der siebziger Jahre hattest du wieder eine überaus schöpferische Phase. Hattest du diese Projekte alle schon vorher ausgebrütet?

Ich glaube, alle Projekte, die ich dann schließlich verwirkliche, existieren nicht nur schon vorher, sondern schon immer, nur treten sie besonders verlockend in Erscheinung, wenn es für sie an der Zeit ist, ins Auge gefaßt zu werden. Es ist, als hätten sich, während ich mit meiner Arbeit beschäftigt war, ganz von selbst kleine Zitadellen, kleine Organismen, kleine Keime gebildet, die ich dann lediglich erkennen und aufnehmen mußte. In all diesen Jahren habe ich das Gefühl gehabt, nicht etwa etwas zu entwickeln, sondern ganz einfach einen schöpferischen Weg zu gehen, der bereits abgesteckt ist und dem ich nur zu folgen brauche. Meine Aufgabe beschränkte sich darauf zu präzisieren, Grenzen festzulegen, Konturen zu ziehen, also die ganze Reihe handwerklicher, technischer und gestalterischer Operationen durchzuführen, die in meinem Fall eben das Filmen sind, mit dem Filmen zusammenfallen.

Zum Beispiel geht es mir immer so, daß ich am ersten Drehtag eines Films noch nicht alle Gesichter für meine Gestalten ausgesucht habe. Die Produktion jammert, die Organisatoren blicken voller Groll auf mich, aber ich in meiner abergläubischen Zuversicht will trotzdem anfangen: Meine Gestalten werden sich schon einfinden. Dutzende von Malen ist das vorgekommen, und es wird immer wieder vorkommen. Auch bei ›E la nave va‹ ging es mir so. Unter anderem hatte ich bis kurz vor Drehbeginn noch keine Darstellerin für eine sehr wichtige Rolle, die der von Geburt an blinden Prinzessin eines österreich-ungarischen Hofs gefunden. Ich wußte selbst nicht recht, was ich suchte, wen ich haben wollte, welches Gesicht, welche Schauspielerin. Ich hatte einfach keine genauen Anhaltspunkte, um eine österreich-ungarische Prinzessin auszusuchen. Ich habe nämlich nie eine kennengelernt. Eines Abends aber stand meine österreichische Prinzessin vor mir, mitten im hektischen und verschwitzten Hin und Her der Toiletten im ›Teatro Argentina‹, zwischen flatternden Handtüchern und aufgerissenen und wieder zugeschlagenen Türen: schwarz gekleidet, scheu, würdevoll und zart. Es war Pina Bausch. Eine eisschleckende Nonne, eine Heilige auf Rollschuhen, ein Gesicht wie das einer Königin im Exil, der Gründerin eines religiösen Ordens, der Richterin eines metaphysischen Tribunals, die dir unverhofft zublinzelt... Mit ihren aristokratischen, zarten und grausamen, mysteriösen und doch vertrauten Zügen, eingeschlossen in rätselhafte Reglosigkeit, lächelte Pina Bausch mir zu, um sich zu erkennen zu geben. Was für ein schönes Gesicht! Eines jener Gesichter, die berufen sind, uns von der Leinwand herab riesenhaft und beunruhigend zu fixieren.

Aber ich wußte nichts über Pina Bausch. Im übrigen gebe ich offen zu, daß ich von allem, was mit Oper und Ballett zusammenhängt, seit jeher so gut wie keine Ahnung habe... Wenn ich im Zuschauerraum sitze, packt mich sofort die Lust, wieder aufzustehen und nachzuschauen, was hinter der Bühne oder im leeren Foyer passiert... Ich schäme mich, das sagen zu müssen, aber ich halte es nur mit Mühe und Not bis zum Schluß aus. Die Aufführung mit Pina Bausch dagegen habe ich von Anfang bis Ende gesehen, und ich hätte mir gewünscht, sie wäre noch weitergegangen. Ich empfand auf der Stelle eine große Sympathie für sie und war betroffen von so viel Grazie – ein heiterer Wind, der über die Bühne wehte. Und als ich sie nach der Vorstellung kennenlernen wollte, bekam ich einen neuerlichen Beweis für das Glück, das mich bei der Vorbereitung meiner Filme begleitet; auf einem Weg, der sich – wie ich zu Anfang sagte – von selbst findet.

Ich weiß nicht mehr genau, wer gesagt hat, die Kollektivität der Menschheit drücke sich durch die Werke der Künstler in der gleichen Weise aus, wie der Einzelne den verborgensten, geheimnisvollsten, unerforschtesten Teil seiner selbst – sein Unbewußtes – durch den Traum ausdrücke. Künstlerische Produktion wäre also nichts anderes als die Traumarbeit der Menschheit. Der Maler, der Dichter, der Romanschreiber und auch der Regisseur übernähmen demnach also die Aufgabe, mit dem ihnen eigenen Talent die Inhalte des kollektiven Unbewußten aufzubereiten und zu ordnen, indem sie sie auf dem Papier, auf der Leinwand oder auf der Projektionsfläche ausdrücken und darstellen. Wenn diese Sicht der Dinge zutreffend ist, dann wird die Frage nach der Grenze oder Beschränkung künstlerischer Tätigkeit meiner Meinung nach hinfällig. Kann das Unbewußte sich je erschöpfen, kann es Grenzen haben? Sind Träume je zu Ende?

Der scheinbar automatischen Tätigkeit des träumenden Menschen entspricht beim Künstler eine Technik, eine Sprache der Darstellung, eine Symbolik. Der Künstler sieht in seiner schöpferischen Arbeit eine Art und Weise, Ordnung in etwas bereits Vorhandenes zu bringen und es sinnlich und intellektuell wahrnehmbar zu machen. Hier wiederholt sich die Urform der Schöpfung, nämlich der Übergang vom Chaos zum Kosmos, von der undifferenzierten, unfaßbaren Unordnung zur Ordnung, also zum Ausdruck, zum Vollendeten. Oder auch vom Unbewußten zum Bewußten. Deshalb denke ich auch, daß für den Künstler der Sinn des Schaffens mehr wiegt als sein Zweck. Wer mit dem Ausdruck arbeitet, sucht darin vor allem seine eigene Rechtfertigung und auch sein Glück; und jedwede Auffassung, die von diesem Standpunkt abdrängt, ist Teil einer gefährlichen und vernebelnden Selbstbetörung, die dazu führt, daß er aus Eitelkeit unbesonnen darüber plaudert, was er gemacht hat und warum er es gemacht hat, wobei er fast immer die Erhabenheit des Phänomens an sich verrät.

Wenden wir uns nun dem ›Casanova‹ zu. Was kommt dir dazu als erstes in den Sinn?

Der beunruhigte, ängstliche Blick von Donald Sutherland, der von meiner Seite Fallstricke, List und Verrat befürchtete. Jedesmal, wenn ich auf ihn zuging, um ihm vorzumachen, was er tun sollte, versteifte er sich wie einer, der eine Gefahr wittert, vor der es kein Entrinnen gibt. Er brachte mich damit zum Lachen, diese Ängste waren wirklich komisch, aber durch mein Lachen wurde alles noch viel schlimmer – seine Augen füllten sich mit Tränen, er glaubte, ich mache mich über ihn lustig, und die Nase, das Kinn, die Perücke und die künstlichen Wimpern lösten sich ab; er sah aus wie Lionel Atwill in der ›Wächsernen Maske‹, als ihm in der Sequenz mit dem Brand das Gesicht schmilzt.

Ich bin jedoch überzeugt, daß diese weibische Verstörtheit, diese chronische Angst, dieses unheilbare Mißtrauen der Gestalt nur zuträglich war, denn sie wirkte dadurch noch viel seltsamer, fremder und gespenstischer – genau so, wie ich sie mir vorgestellt hatte. »Also dear Feffy, warum muß denn dein Casanova so sein?« fragte mich der amerikanische Produzent von der Universal, ein ungeschlachter Kerl mit dem gleichen sympathischen Gesicht wie Walter Matthau, der sich darauf versteift hatte, mich ›Feffy‹ zu nennen. Mit seinen Händen, die so groß waren wie Kopfkissen, packte er die meinen und versuchte mich zur Vernunft zu bringen: »Casanova is life! Leben! Casanova ist Kraft, Mut, Vertrauen. Die Lebensfreude in Person. Understand, Feffy? Warum hast du nur einen Zombie aus ihm gemacht?«

Vor dem breiten Gesicht dieses dicken, tüchtigen, mit Dollars gestopften Amerikaners, der einen Haufen Filme mit Gary Cooper, Clark Gable, der Crawford, Huston und Billy Wilder gemacht hatte und Busenfreund von drei oder vier Präsidenten war, jeden Sonntag Nixon zu sich nach Hause einlud, um ihm gute Ratschläge zu geben, wußte ich nicht, was ich sagen sollte. Ich murmelte irgendwas von Fruchtblase, Casanova umschlossen von der Fruchtblase einer Mutter, die sein Gefängnis ist, die mediterran-lagunäre Mutter Venedig, und von einer immer aufgeschobenen, nie vollzogenen Geburt. »Casanova«, schloß ich hastig, »ist nie geboren worden. Sein Leben ist ein Nicht-Leben, understand?« Resignierte Traurigkeit überzog das ganze große Gesicht des Amerikaners, der betrübt den Kopf schüttelte: »Feffy, Feffy, das sind mental masturbations. Intellektuellenkram!« Und dann begann er zu erzählen, wie er Truman Capote einmal den ganzen Schluß einer Erzählung habe ändern lassen. Jetzt betrachte ihn ›Tru‹ als Vater und schreibe keine einzige Zeile mehr, ohne ihn vorher angerufen zu haben. Und wie er Sturges gezwungen habe, ein Drehbuch sechsmal neu zu schreiben, und von dem historischen Tag, wo er zu Brando gesagt habe: »Weg mit dem Schnurrbart, und drei Kilo müssen auch runter.«

Ich habe schon bis zum Überdruß erzählt, daß ich meine Filme nicht mehr anschaue, und deshalb bin ich auch nicht imstande, ein objektives, distanziertes Urteil über sie abzugeben. Ich finde aber, daß ›Casanova‹ mein vollendetster, ausdrucksvollster und mutigster Film ist. Du selbst hast ihn als einen Film bezeichnet, der ein düsterer Rechenschaftsbericht sein könnte. Das war das einzige Mal, wo ich nicht einverstanden zu sein glaubte.

›Orchesterprobe‹ hast du fürs Fernsehen gemacht. Hängt das vielleicht mit der Krise des Kinos zusammen?

Seit dreißig Jahren mache ich nun Filme, und jedes Jahr hieß es, dies sei der letzte, das Kino sei am Ende, es sei tot, jetzt müsse man sich wieder darauf einstellen, für die Zeitung zu krakeln, irgendeinen alten Direttore anzurufen oder das Jurastudium wieder aufzunehmen und zu versuchen, einen Doktortitel zu erwerben. Wie lange gehen die Leute jetzt schon nicht mehr ins Kino? Und wie oft ist jeder von uns aufgefordert worden, einschlägige Diagnosen zu stellen? Was haben wir nicht alles angeführt: die Leute hätten Angst, abends auszugehen, der Eintrittspreis sei zu hoch, die Konkurrenz des Fernsehens, das Kino beiße sich in den Schwanz, der ihm so gut schmeckt, daß es ihn auffrißt, die Permissivität (wenn du heute im Auto Liebe machst, kommt höchstens ein

Voyeur und klatscht Beifall, oder irgendein Verrückter, der dich und dein Mädchen mißbraucht, aber eine Strafe und eine Standpauke kriegst du nicht mehr), die Leute gehen kaum noch ins Kino, sondern ins Auto, oder sie gehen auf Safari. Jeder verbringt heute ja das Wochenende an den unerreichbarsten Plätzen unseres Planeten, was braucht man die ›schönen Flecken‹ noch im Kino zu bewundern, wenn man per Charterflug am Samstag in der Früh mit der ganzen Familie dort sein kann?

Irgend jemand hat dann klugerweise gründlichere Untersuchungen angestellt und gesagt, die Krise des Kinos beruhe in erster Linie auf der Tatsache, daß der Film alle möglichen Geschichten im klassischen Wortsinn ausgeschöpft habe und heute vom Kino mehr verlangt werde, eine Mischung aus Wissenschaftlichem, Sozialem, Religiösem und Philosophischem, Filme also, die tatsächlich ein überaus tiefgründiger Spiegel sind, in dem wir uns nicht nur sehen, wie wir sind, sondern auch wie wir waren und wie wir sein werden und, wer weiß, vielleicht auch wie wir hätten sein sollen. Den Produzenten möchte ich mir vorstellen können, der imstande ist, interessiert zuzuhören, wenn ihm ein so beschriebenes Filmprojekt vorgeschlagen wird! Wie dem auch sei – auch ich finde, daß das Kino an Autorität und Prestige, an Geheimnis und Magie verloren hat. Die gigantische Leinwand, die bedrohlich vor einem ergebenen Publikum aus winzigkleinen Menschen aufragt, die verzaubert zu den riesigen Gesichtern, Lippen und Augen aufschauen, die in einer anderen, unerreichbaren, phantastischen und doch realen Dimension – ähnlich der des Traums – leben und atmen, diese große, magische Leinwand kann uns nicht mehr faszinieren. Wir sind nämlich größer als sie – seht her, wie klein wir sie gemacht haben! Dort steht sie, handlich wie ein Kissen, zwischen Bücherschrank und Blumenständer. Manchmal steht sie sogar in der Küche, neben dem Kühlschrank. Sie ist ein Haushaltgerät geworden, und wir – im Sessel sitzend, die Fernbedienung in der Hand – üben eine totale Macht über diese kleinen Bilder aus und machen nieder, was uns fremd oder langweilig erscheint.

Im Kinosaal zwang uns die ängstliche und faszinierte Scheu vor dieser großen Leinwand, bis zum Schluß sitzen zu bleiben, auch wenn der Film uns nicht gefiel – und sei es nur aus ökonomischen Erwägungen, denn schließlich hatten wir ja die Eintrittskarte bezahlt. Jetzt aber schneiden wir in einer Art grollender Revanche mit einem Daumendruck – Zack! – allem das Wort ab, sobald das, was wir sehen, eine Aufmerksamkeit von uns verlangen könnte, die wir nicht gewähren wollen, und löschen die Bilder aus, die uns nicht interessieren. Wir sind die Herren! Wie langweilig ist doch dieser Bergman! Und wer hat gesagt, Buñuel sei ein großer Regisseur? Weg mit ihm, ich will das Fußballspiel sehen oder das Varieté! Auf diese Weise wurde ein Zuschauer geboren, der ein Tyrann, ein absoluter Despot ist. Er tut, was er will, und ist immer mehr davon überzeugt, selbst Regie zu führen oder doch zumindest die Bilder, die er sieht, selbst zusammenzustellen. Wie könnte das Kino einen solchen Zuschauer wieder anlocken? Amerikanische Produzenten und Regisseure haben prompt versucht, die Aufmerksamkeit dieses distanzierten, gleichgültigen und mißtrauischen Publikums auf sich zu ziehen, indem sie aufwendige Spektakel mit staunenerregenden Abenteuern, galaktischen Katastrophen voller Schrecken und Magie inszenierten, das Ungeahnte, nie Gesehene, Unerhörte – eine Rückkehr zu den Ursprüngen also, zum Kino von Méliès, zum Wunderwerk.

Die Tendenz dieser großen Spektakel amerikanischer Produktion, das schmückende Beiwerk, das Dekor, das Feuerwerk sensationeller Tricks in den Vordergrund zu rücken, scheint mir jedoch nicht nur zu Lasten der Aussage der Geschichte, sondern zuweilen auch der Geschichte als solcher zu gehen. Der Autor tritt in diesem Kino der Ingenieure völlig in den Hintergrund, und jene, die Special-Effect-Techniker, sind es denn auch, denen der Applaus gebührt. Das Ideal wäre, wenn sich diese hervorragenden Technik-Teams – wie bei ›2001, Odyssee im Weltraum‹ von Kubrick der Fall – in den Dienst einer Idee, einer Empfindung, der Phantasie eines Autors stellen würden. Wo dies geschieht, ist das Ergebnis erstaunlich – zum Staunen. Kino wird hier wieder, was es einmal war – ein einzigartiges Schauspiel, das keinem anderen gleicht, weil es weder Theater noch Literatur, noch Musik, noch Malerei ist, sondern alle diese künstlerischen Ausdrucksformen in einem.

Kann man in Italien solche Filme machen? Es sieht nicht so aus. Der Autor, der Filme dieser Art realisieren will, benötigt dazu einen ganz speziellen, unersetzlichen, vitalen Mitarbeiter, und dieser Mitarbeiter ist – die Bank. Und Bankiers, denen die Krise des Films – jedenfalls, was Inhalte und Richtung angeht – ernsthafte Sorgen macht, gibt es meinem Eindruck nach nicht sehr viele. Ich betrete hier allerdings ein Gebiet, auf dem ich nicht sehr bewandert bin. Ich weiß aber, daß die amerikanischen Produzenten seit jeher nach einem Gesetz rufen, das das Kino schützen und vor dem Erstikkungstod bewahren soll. Wenn sie mir mit viel Geduld erklären, wie ein solches Gesetz beschaffen sein müßte, dann scheint mir, daß sie recht haben, auch wenn der Gedanke an eine staatliche Filmförderung in mir ein Gefühl der Demütigung weckt: Ich glaube schon die Mittelmäßigen, die Gerissenen und die Flaschmünzer zu sehen, die nur darauf lauern, in den Genuß dieser Vorteile zu kommen.

Fürs Fernsehen arbeiten? Das heißt, sich in diesen Ozean unterschiedsloser, sich überstürzender Bilder zu werfen, in diesen brodelnden Brei, der sich selbst negiert, indem er auch quantitativ an die Stelle der Realität tritt. Du hast das unbehagliche Gefühl, zu der verhängnisvollen Bilderflut, mit der uns das Fernsehen zu jeder Minute des Tages und der Nacht überschwemmt, auch noch beizutragen, mitzuwirken an der allmählichen Aufhebung jedweder Trennlinie zwischen dem Wirklichen und dem Dargestellten. Unsere Art zu sehen ist auf diese Weise de-realisiert worden – zwei einander gegenüberstehende Spiegel, die sich in endloser Monotonie und Leere reproduzieren. Das ist keine Frage des Stils oder der Ästhetik; ich weiß wirklich nicht, welche Sprache man für einen Fernsehfilm benutzen müßte.

›Orchesterprobe‹ habe ich fürs Fernsehen gemacht, und der einzige – große – Vorteil war dabei die größere Beweglichkeit. Die Produktionsmaschinerie ist wendiger, zwangloser, müheloser zu handhaben, leichter lenkbar und weniger mit Ballast und unnötigem Beiwerk beladen. Du spürst die Last der Verantwortung weniger und kannst deine Arbeit daher mit mehr Frische und Spontaneität tun. Abgesehen davon habe ich aber meiner Ansicht nach nichts anderes gemacht als sonst auch – ich habe in den Grenzen, die mir gesetzt sind und mit den paar Lire, die mir zur Verfügung standen, Geschichten erzählt und bin meiner natürlichen Neigung gefolgt, mich zu wundern und das auszudrücken, was mir von Mal zu Mal als beunruhigendes, mysteriöses oder faszinierendes Bild des Lebens erscheint.

Auch wenn es dir paradox, lächerlich oder unverschämt und provokatorisch vorkommen mag, glaube ich alles in allem, daß es für unser Kino nur einen Weg gibt: Filme zu machen, bessere, intelligentere Filme, gut gemachte Filme, schönere Filme. Oder sollen wir uns lieber allmählich mit dem Gedanken abfinden, daß das Kino nunmehr zu dem gehört, was – wie so viele andere zeitgebundene Modelle – ins

Archiv geschafft wird? Und werden wir dann in nicht allzu ferner Zeit sagen müssen, das zwanzigste Jahrhundert sei das Jahrhundert des Kinos gewesen, wie das neunzehnte das des Melodrams war?

›Orchesterprobe‹ hat die unterschiedlichsten Reaktionen hervorgerufen. An was erinnerst du dich da?

Wenn ich versuchen müßte, einige Reaktionen des Publikums zu deuten, die ich selbst erlebt habe oder von denen mir berichtet wurde, wüßte ich wirklich bald selbst nicht mehr, wo ich bei der Erläuterung meines Films anfangen sollte (eine Ratlosigkeit, die vielleicht ganz gesund und vor allem nachahmenswert ist). Denn wie läßt sich die Ergriffenheit der Leute, die am Schluß des Films voller Bedauern ausrufen: »Wie schade, daß der Film nicht da aufhört, wo die Musiker wieder alle zusammen spielen! Warum fängt der bloß auf einmal an, deutsch zu reden? Was soll denn das?«, mit der Schwachsinnsanwandlung jenes Verrückten in Einklang bringen – meiner Meinung nach muß man wirklich unheilbar verrückt sein, um den Film in dieser Weise aufzufassen –, der mir in der Garderobe eines Restaurants, als ich gerade meinen Mantel anzog, mit plumper Genugtuung zuflüsterte: »Ich hab den Film gesehen! Ganz Ihrer Meinung. Da muß Onkel Adolf ran!«?

›Ist es möglich, daß der Film Anlaß zu einem derart monströsen Mißverständnis gibt?‹ kann ich da nur konsterniert fragen. Oder besser – was mag eine derart abwegige Reaktion bedeuten, wovon zeugt sie, was vermag sie zu offenbaren? Daß in der heutigen Welt angesichts des Zerfalls der organisierten Strukturen und der Aufhebung aller Werte und Bezugspunkte ein jeder auf das Durcheinander, das Unbehagen, das Böse um sich herum reagiert, indem er seine eigene, persönliche Pathologie verallgemeinert und damit seine Ängste und Wünsche auf das projiziert, was ihn umgibt, ob es sich um einen Film oder sonst ein Ereignis handelt?

Vielleicht ist es wirklich so: Der Film stellt eine Situation des Wahnsinns dar – herbeigeführt durch einen Sturz ins Irrationale –, und da eine solche Situation beängstigend ist, reagiert man darauf, indem man ihr eine Form des organisierten, institutionalisierten Wahnsinns, eben die Diktatur, entgegensetzt. Und hier schließt sich der Kreis: Mag uns die Politik nicht kümmern, die Politik, von der wir total konditioniert werden, kümmert sich doch um uns; wer beschützt sein will, muß sich damit abfinden, bis ins Letzte beschützt zu werden.

Auch mit der ›Stadt der Frauen‹ hast du ein höchst aktuelles Thema aufgegriffen. Welches Bild kommt dir zuerst in den Sinn, wenn du an diesen Film zurückdenkst?

Marcello. Der liebe, tüchtige Marcello, der treue, ergebene, weise Freund – ein Freund, wie man ihn sonst nur in den Erzählungen englischer Schriftsteller findet. Marcello und ich, wir sehen uns sehr selten, fast nie. Vielleicht ist gerade dies eines der Motive unserer Freundschaft, einer Freundschaft, die nichts fordert, zu nichts verpflichtet, keine Abhängigkeiten schafft und weder Regeln noch Grenzen festlegt. Eine echte, schöne Freundschaft, die auf gesundes gegenseitiges Mißtrauen gegründet ist.

Mit Marcello zu arbeiten ist eine wahre Freude: Feinfühlig, verfügbar und intelligent schlüpft er auf Zehenspitzen in die Figuren hinein, ohne je eine Frage zu stellen, ja sogar ohne das Drehbuch gelesen zu haben. »Was hat man denn davon«, sagt er, »wenn man schon vorher weiß, was passiert? Ich entdecke das lieber Tag für Tag, nicht anders als die Filmgestalt.« Er läßt sich schminken, kostümieren, frisieren, ohne Einwände zu erheben, und fragt nur das unbedingt Nötige. Mit ihm läuft alles geschmeidig, ruhig, entspannt, natürlich – so natürlich, daß er es sich bisweilen erlauben kann, bei den Aufnahmen zu schlafen, während er gerade – und vielleicht sogar in Großaufnahme – im Bild ist.

Ob ich noch mehr Filme mit dem alten Snaporaz machen werde? Ich wünsche es mir wirklich. An dem Abend, als ich Marcello von der ›Stadt der Frauen‹ erzählte – ohne ihm jedoch gesagt zu haben, ob ihm die Hauptrolle zugedacht war, ja, der Produzent wollte damals sogar unbedingt Dustin Hoffman haben, und ich muß sagen, auch mir gefiel dieser amerikanische Schauspieler, und ich fand diese Wahl sehr anregend –, an jenem Abend also hörte er mir ohne großes Interesse zu wie einer, der weiß, daß ihn die Sache nichts angeht, der sich aber aus Freundschaft und Höflichkeit verpflichtet fühlt, eine gewisse Neugier an den Tag zu legen. »Es ist die Geschichte eines Mannes«, sagte ich, »der die Frau umkreist und von allen Seiten betrachtet. Sie fasziniert ihn und macht ihn betroffen. Man hat aber den Eindruck, daß er sie betrachtet, ohne daß ihm wirklich etwas daran liegt, sie zu verstehen, es gefällt ihm vielmehr, sich von ihr aus der Fassung bringen und erstaunen, erregen und verunsichern zu lassen und ein wenig Zärtlichkeit für sie zu empfinden. Einer, der auf der Suche nach einer Frau – der Frau – zu sein scheint, aber mit dem Wunsch, sie nie zu finden. Vielleicht hat er Angst davor, weil er glaubt, die Frau zu finden, sie zu bekommen, bedeute für ihn erliegen, verschwinden, sterben. Und so sucht er lieber nach ihr, ohne je zu ihr zu gelangen.«

Ich war selbst leicht verwirrt, beinahe ergriffen, als ich den Film auf diese Weise erzählte. Schweigend steuerte ich den Wagen, und auch Marcello sagte nichts. Eine ganze Weile vermieden wir es, uns anzusehen. In diesem Augenblick hatte sich fast ohne unser Wissen entschieden, daß wir in der ›Stadt der Frauen‹ zusammenarbeiten würden.

Und jetzt kommen wir zu deinem letzten Film. Dazu habe ich eine Frage: Wer bei den Dreharbeiten dabei war, versichert, alles sei reibungslos und beinahe heiter abgelaufen, ohne die Nervosität und die Schwierigkeiten, die es bei früheren Filmen gab. Und die Termine sind ja mit nachgerade teutonischer Pünktlichkeit eingehalten worden. Ist das ein Verdienst der Produktion, glücklicher Zufall – oder was sonst?

Auch ›E la nave va‹ liegt jetzt bereits hinter mir, und an die Arbeit daran erinnere ich mich kaum noch. Um ehrlich zu sein – ich erinnere mich immer weniger an die Dinge, die sich zugetragen haben, und zu allen Filmen, die ich gemacht habe, fallen mir nur sinnlose und unentzifferbare Einzelheiten ein – der grüne Pullover eines Studioarbeiters oder der Regen während der Außenaufnahmen, der auf das improvisierte Plastikzelt prasselte, unter dem wir alle geduckt im Dunkeln hockten wie im Schützengraben. Ich muß eine unersprießliche und meiner Meinung nach auch sinnlose Anstrengung unternehmen, wenn ich mir die Atmosphäre eines meiner Filme wieder ins Gedächtnis rufen will. Und im Grunde genommen mache ich ja immer den gleichen Film – vielleicht kommt es mir deshalb auch so unglaublich vor, daß ich vierundsechzig bin, da ich doch immer in irgendeinem Filmstudio war und Scheinwerfer aus- und eingeschaltet, ins Megaphon gebrüllt und in der Pause nach dem ›weißen Proviantpaket‹ verlangt habe.

Ich habe nicht den Eindruck, daß die Arbeit an ›E la nave va‹ glatter vonstatten ging als die an den anderen Filmen. Vielleicht haben die anderen nur deshalb diesen Eindruck gewonnen, weil die Aufnahmen genau so viele Wochen gedauert haben – oder vielleicht sogar weniger – wie im Arbeitsplan vorgesehen.

Ideale Bedingungen für die Realisierung eines Films gibt es nicht, oder sagen wir lieber, alle Bedingungen sind immer ideal, weil sie es dir letztlich gestattet haben, den Film so zu machen, wie du ihn gemacht hast. In meinem Metier muß man rigoros und doch elastisch sein. Man muß unnachsichtig sein, aber auch fügsam, bereit, Widerstände, Abweichungen und auch Fehler mit wachsamer Verantwortlichkeit zu erfassen. Das Unvorhergesehene wirft nicht immer nur Probleme auf, oft kann es auch eine Hilfe sein; alles gehört zur Herstellung eines Films, alles ist der Film.

›E la nave va‹ habe ich zusammen mit Tonino Guerra vor einiger Zeit verfaßt, weil ich – wie ich schon anderswo gesagt habe – irgend jemandem, ich weiß nicht mehr genau wem, einen Drehbuchentwurf abliefern sollte. Wir haben drei Tage lang lustlos beraten und vage herumgeredet und dann in nur drei Wochen Idee und Drehbuch zu Papier gebracht. Drei Wochen scheinen wenig, um ein gutes Drehbuch zu machen, man muß dabei aber berücksichtigen, daß zwischen der ersten Inspiration und dem Beginn der Dreharbeiten drei Jahre lagen, und drei Jahre sind ja wohl genug, um mit einiger Sicherheit einen nicht ganz und gar untauglichen Film erwarten zu lassen.

Anfangs sollte ihn die Gaumont machen, dann die Vides, dann Dino de Laurentiis, später Aldo Nemni, ein filmbesessener Industrieller aus Mailand... Der Rai ist es dann schließlich gelungen, alle – bis auf De Laurentiis – unter einen Hut zu bringen, indem sie Franco Cristaldi mit der Produktion betraute.

Wenn ich zuviel Zeit mit der Planung eines Films verbringe, beginne ich ihn schließlich zu hassen; ich versuche ihn zu verdrängen und will ihn nicht mehr machen. Das ist dann der Augenblick, in dem der Film tatsächlich gemacht wird. So geht es mir seit nunmehr fünfzehn Jahren immer wieder.

Jetzt, wo ›E la nave va‹ fertig ist, vermag ich nicht mehr zu sagen, was ich ursprünglich im Sinn hatte. Nur der fertige Film existiert; der, den ich machen wollte, ist wie verflogen. Ich weiß noch, daß ich damals von Gestalten von verzehrendem Reiz gesprochen habe, ähnlich dem von Photographien unbekannter Personen. Ich sagte, ich wolle einen Film im Stil der Streifen aus der Frühzeit machen, also ganz in Schwarzweiß, ja sogar rissig und fleckig wie ein Fundstück aus der Kinemathek. Eine Fälschung also, und genau das hat mich gereizt, denn so muß echtes Kino in meinen Augen sein.

Was von diesen Intentionen im Film noch geblieben ist, weiß ich nicht mehr, denn wenn ich zu drehen beginne, läuft alles wunderbarerweise genau wie immer. Vielleicht habe ich diesmal ein bißchen mehr Zeit in die Auswahl der Gesichter gesteckt als sonst. Ich brauchte Gesichter, die wie die von Personen wirken sollten, die nicht mehr leben, die in der Zeit versunken sind, die uns anrühren und neugierig machen, weil es uns vorkommt, als wollten uns jene aus der Mode gekommene Frisur, jenes Kleid von vor hundert Jahren, jene Art zu lächeln oder uns mit einem auf immer verlorenen Blick zu fixieren, den Sinn einer Erzählung, die Geschichte eines Lebens offenbaren. Ich dachte mir, Schauspieler aus einem anderen Land, einer anderen Gesellschaft mit anderen Sitten und Gebräuchen, könnten dieses Entrücktsein, diese ergreifende Fremdheit vielleicht am besten ausdrücken. Das ist wohl der eigentliche Grund, warum es in diesem Film neben vielen italienischen auch englische, französische und deutsche Schauspieler gibt, die dadurch glaubwürdig werden, daß sie Personen der jeweiligen Nationalität darstellen.

Umgeben von den Photos mit ihren Gesichtern, die ich an den Wänden meines kleinen Büros in Cinecittà aufgehängt hatte, verspürte ich das Bedürfnis, ihre Geschichten auszuspinnen, genauer in ihren Beziehungen herumzustöbern, ihnen Freunde, Verwandte und neue Bekannte beizugesellen und neue Situationen zu erfinden – kurz, die Reise gewissermaßen mitzumachen. Denn der Film ist eine Reise, eine Seereise, auf der ein Ritus vollzogen werden soll, eine Reise, die vermutlich vor sechzig Jahren, kurz vor Ausbruch des Ersten Weltkriegs stattgefunden hat.

Bleiben wir noch ein bißchen bei ›E la nave va‹. Du hast den Film in Farbe gedreht, dann aber so kopiert, daß wir ihn teilweise abgetönt sehen. Gibt es da irgendeinen Zusammenhang mit der kommerziellen Version von ›8½‹, wo die ›Wirklichkeit‹ in Schwarzweiß und der Traum abgetönt gezeigt werden?

Der Film handelt von einer fernen Welt, die gelebt, geliebt und gelitten hat, als wir alle noch gar nicht existierten. Ich wollte gegenüber den Gestalten dieser Geschichte das Gefühl ausdrücken, das man beim Betrachten einer alten Photographie empfindet. Es spielt keine Rolle, daß jene Photos vom Anfang des Jahrhunderts bräunlich und verblichen sind, daß sie jene Sepiatönung der Daguerreotypien haben; ich glaube, selbst wenn sie von schreiendstem Bunt wären, würde dieses spezielle Gefühl, das wir für sie empfinden, bewirken, daß wir sie entfärbt, verblichen sähen, denn für uns sind sie nur Schatten. Daher ist ›E la nave va‹ in einer ungewöhnlichen Farbgebung photographiert: Die Rot-, Blau- und Grüntöne verlieren die Schärfe der Realität, um die vagen Konturen des Vergangenen, die Verschwommenheit der Erinnerungen anzunehmen. Wie bei allen Reisen in die Zeit und Ausflügen in die Winkel der Vergangenheit hat die Realität, auf die man dabei stößt, die man evoziert, immer etwas von einem Fundstück an sich, von einem ans Licht gekommenen Dokument, das dem Staub bei einer archäologischen Ausgrabung entrissen oder aus dem Sand des Meeres, auf dessen Grund es lag, befreit wurde. Ein solches Bild wirkt irgendwie verzerrt, umflort, unbeständig; immer steht irgend etwas zwischen uns und dem Bild. Dieses Umflortsein, diese Distanz wollte ich auf der Leinwand wiedergeben, um diesen Abklärungsprozeß zu vermitteln, der sich mit den Jahren in unserem Geist vollzieht und der die Erinnerung in der ihr eigenen, gespenstischen, unsteten Dimension erscheinen läßt.

Mit der infamen Tönung von ›8½‹ – die, wie viele wohl gar nicht wissen, törichterweise von der Produktion gegen meinen Willen gewählt wurde, in der grobschlächtigen Überzeugung, dem Zuschauer durch die Unterscheidung von Traum und Wirklichkeit das Verständnis des Films zu erleichtern – hat das nichts zu tun.

Welche Probleme bringen im allgemeinen die Arbeiten mit sich, die auf dich zukommen, wenn der Film abgedreht ist?

Was wäre die Arbeit ohne Probleme? Jede Phase der Herstellung eines Films wirft unvorhergesehene Schwierigkeiten auf, und es gehört einfach zum Handwerk, sie zu überwinden oder zu versuchen, mit ihnen zu leben. Die Synchronisation ist für mich einer der anspruchsvollsten Augenblicke; ich muß sämtliche Dialoge komplett neu schreiben, weil es mir meine Art zu drehen nicht gestattet, auch nur einen Meter der ursprünglichen Tonspur zu verwenden, die ein babylonisches Gewirr aus Sprachen aller Nationalitäten ist, aus Dialekten und Stimmen, die statt der Dialogsätze Zahlen oder Gebete aufsagen oder auf meine Anregung hin erzählen, was sie am Abend vorher gegessen haben. Es ist, als würde ich den Film noch einmal machen, diesmal gemäß den Erfordernissen der klanglichen Erzählung, und die bringt bisweilen ebenso wichtige Ausdrucksprobleme mit sich wie die Bilder.

Eine andere, sehr delikate Phase ist die Montage. Bei den Aufnahmen stört es mich nicht im geringsten, wenn mich Freunde oder Bekannte besuchen oder wenn, wie es jetzt üblich ist, ganze Schulklassen ins Studio kommen. Der Lärm, den sie machen, und ihre Kommentare stören mich nicht, im Gegenteil, ich fühle mich dadurch in meiner Rolle als Hanswurst und Gaukler befeuert. Am Schneidetisch dagegen dulde ich niemanden, außer natürlich den Cutter und ein paar Assistenten. Dann muß ich allein sein. Denn dies ist die Phase, wo der Film zu zeigen beginnt, was er einmal sein wird. So, wie Dr. Frankenstein die Bahre mit seinem aus einzelnen Körperteilen zusammengesetzten Monster in den stürmischen Himmel aufsteigen läßt, damit die donnernde Entladung des Blitzes es zum Leben bringt. Bei der Montage beginnt der Film zu atmen, sich zu bewegen, dir ins Auge zu sehen.

Hattest du Gelegenheit, deinen Film oft zu sehen, bevor du ihn nach Venedig geschickt hast? Konntest du noch Korrekturen an ihm vornehmen, ihn retuschieren und in allen Einzelheiten ausfeilen, oder hat die Zeit so gedrängt, daß er dir gewissermaßen aus der Hand gerissen wurde?

Wenn der Film endgültig ›entlassen‹ ist, wäre es – wie ich schon oft gesagt habe – wünschenswert, erst einmal wenigstens einen Monat verstreichen zu lassen, ohne ihn noch einmal anzuschauen, ohne über ihn zu sprechen, damit die Vorführung dann in einer heiteren, weniger hektischen Atmosphäre stattfinden kann. Aber das kommt nie vor. Auch bei ›E la nave va‹ ist alles gelaufen wie immer. Ich habe den Film nach der Montage ein erstes Mal vorgeführt, mit der Tonspur, auf der noch meine Stimme, meine Rufe und Anweisungen zu hören waren. Die sogenannte Arbeitskopie also, die – glaub mir – immer die schönste ist, gerade weil sie noch konfus, schmutzig, voller Spuren ist. Du siehst deinen Film und bildest dir ein, hinterher würde er viel verführerischer und faszinierender sein. Das ist aber selten der Fall.

Bei diesen Vorführungen verlasse ich, wenn das Licht gelöscht und der Ton richtig eingestellt ist, gewöhnlich die zwei, drei Freunde, die ich eingeladen habe – immer die gleichen, weil ich ihnen vertraue und weiß, sie werden auf jeden Fall sagen, der Film habe ihnen gefallen – und schleiche in die Kabine hinauf, um ein bißchen mit den Vorführern zu plaudern. Hin und wieder werfe ich dann einen Blick durch das kleine Fenster und spähe wie zufällig nach meinem Film, der dort unten weit weg auf der Leinwand sein Spiel als Verführer zu treiben beginnt. Oder ich gehe während der Vorführung hinaus und setze mich auf die Stufen zum Vorführraum der Cinecittà, wo mich von fern die Hunde beschnuppern, die nachts die Herren des Geländes sind.

Ein Freund hat dann zu mir gesagt, er finde den Film ›schrecklich‹, aber daß wir uns recht verstehen: Ich glaube nicht, daß er sich dabei auf die Qualität bezog, sondern mir vielleicht sagen wollte, daß er ihn erschreckt habe. Ein Autor jauchzt vor Freude und kommt sich bedeutend vor, wenn man ihm sagt, er habe etwas gemacht, was Angst einflößt; in diesem Fall aber stimme ich mit meinem Freund nicht überein, denn ich finde meinen Film heiter – wenn ich mir ein Urteil über ihn erlauben darf. Für mich ist es ein Film, der das Verlangen weckt, auf der Stelle den nächsten zu machen.

Du hast immer eine ausgesprochene Abneigung gegen mondäne Veranstaltungen an den Tag gelegt. Nach Venedig aber bist du doch gegangen. Sag nur nicht, daß man dich dazu gezwungen hat!

Seien wir ehrlich: Alle – wie du ja weißt – wollen wir zur Biennale, auch jene Kollegen, die in der Vergangenheit gegen Venedig protestierten und dann – wenig konsequent – in Frack und Zylinder nach Cannes liefen.

Eine gewisse Gefahr ist dabei, das ist schon richtig, aber das ist in jeder Arena so, in der rituelle Wettbewerbe abgehalten werden. Im Grunde genommen ist auch die Nichtbeteiligung ein Risiko. Und wenn der Produzent zufrieden ist und der Verleiher ebenfalls und die Schauspieler und Schauspielerinnen vor Freude geradezu strahlen, warum sollte man dann den Spielverderber machen? Die Festivalleiter reden zu viert auf dich ein, um dir zu versichern, daß du keinerlei Risiko eingehst, weil dein Film außer Konkurrenz läuft. Denn von einem gewissen Alter an scheint es eleganter zu wirken, wenn man einen Film außer Konkurrenz vorführen läßt, und mein Gebrumme, mit dem ich zu verstehen geben will, daß ich auch gerne bereit wäre, mich am Wettbewerb zu beteiligen – das halte ich nämlich für noch eleganter –, wird als kleiner Scherz aufgefaßt.

Die Wahrheit ist, daß ich gerne beim Wettbewerb mitmachen würde, wenn man mir die Garantie gäbe, daß ich den Preis bekomme. Apropos Filmpreise – hat es nicht immer geheißen, Filmfestspiele seien dazu da, Filme zu fördern, die sich – zumindest ihren Intentionen nach – aus dem Konsumspektakel heraushalten? Warum also entschließt man sich nicht endlich, den Preis in bar auszuzahlen? Das Festival, das als erstes die Übung einführen würde, die herausragendsten Filme mit einem ansehnlichen Scheck zu bedenken, wäre bald das bedeutendste auf der ganzen Welt.

Ich habe – ungefähr – zwanzig Filme gemacht, und dies ist

nun das zwanzigste Jahr, daß ich zu einem Festival eingeladen werde. Eigentlich müßte ich mit dieser langen Erfahrung inzwischen etwas skeptischer und abgebrühter sein; ich muß indes gestehen, daß Festivals für mich immer noch aufregend sind und mich ein wenig aus der Fassung bringen können: Die Ankunft im Motorboot am Lido oder im Mercedes mit Klimaanlage vor der Croisette, die flatternden Fahnen aller Länder der Erde auf den Gebäuden, in denen die Vorführungen stattfinden, das hektische und müßige, übereifrige und leicht verschwitzte Hin und Her der Filmleute in den Foyers der großen Hotels, die Begegnung mit dem unvermeidlichen Produzenten mit exotischem Akzent, der bis auf das olivgrüne Gesicht ganz in Weiß geht und dich einlädt, einen Film in El Badush zu machen, weil El Badush wie auf dich zugeschnitten sei, dann die Pressekonferenzen ...

Ja, ja ... die Pressekonferenzen. Du scheinst sie nicht besonders zu schätzen. Gehören sie denn nicht zu deinem Beruf?

An einem Augustnachmittag um zwei hinter einem Tisch eingeklemmt zu sein mit drei oder vier Mikrophonen vor der Nase, um zu erläutern, warum in deinem Film ein Nashorn vorkommt, das gehört – wie ich schon verschiedentlich gesagt habe – wahrlich nicht zu meinen Lieblingsbeschäftigungen. Über das zu plaudern, was ich gemacht habe, bereitet mir ein beinahe unüberwindliches Mißbehagen. Ich habe dabei das entmutigende Gefühl, mich jetzt oder nie verteidigen zu müssen, indem ich den Film ausschmücke, ihn mit Worten überpudere und mir Rechtfertigungen ausdenke in dem verzweifelten Versuch, ihm Gedankentiefe, figurative Originalität zuzusprechen. Ich nehme alles zu ernst, es gelingt mir einfach nicht, Abstand zu gewinnen, ich kann nicht witzig sein, kurzum, ich fühle mich unwohl.

Manchmal habe ich versucht, vor der Pressekonferenz zu kneifen, aber dieses Verhalten hat einen arroganten und unhöflichen Eindruck hinterlassen; sogar ein paar meiner Freunde waren gekränkt. Dabei waren es nur Schüchternheit, Sinn für das rechte Maß und der Wunsch, niemanden zu langweilen. Wenn ich sage, daß in meinem neuen Film ein Nashorn vorkommt, weil erfahrene Seeleute mir versichert hätten, 1914 seien alle Schiffe verpflichtet gewesen, im Laderaum eines mitzuführen, dann denken die Freunde von der Presse mit Recht, daß ich – mit wenig Erfolg – witzig sein will. Sage ich dagegen, im Schiffsbauch, tief im Inneren also, hause das Es, der unbewußte, animalische Teil von uns, der außerhalb von Raum und Zeit lebt und dennoch unsere Existenz trägt, indem er uns notwendigerweise und zu unserem Wohl zwingt, mit ihm zusammenzuleben, dann merke ich, daß der eine oder andere mit einer solchen Antwort zufriedener ist, ich selbst aber komme mir ein wenig lächerlich vor...

Am liebsten wäre mir eine stumme Pressekonferenz: Man blickt sich an, lächelt und winkt sich zu, tauscht auch Geschenke aus, aber alles ohne ein einziges Wort, und dann geht jeder wieder seiner Wege.

Hat der Film, als du ihn in Venedig wiedersahst, einen anderen Eindruck auf dich gemacht, als du erwartet hattest?

Jetzt muß ich mich schon wieder wiederholen. Ich finde diesen Ritus, der vom Autor verlangt, daß er mit ansieht, wie sein eigener Film zerkaut, verschluckt und vom Magen eines riesigen Publikums verschlungen wird, sehr grausam. Dein Film auf der Leinwand hat seinen eigenen Atem, und du spürst, daß die Zuschauer ganz anders atmen; es ist kein

Einklang da, die Herzen schlagen nicht im gleichen Rhythmus, und diese Differenz, dieser Asynchronismus geht dir durch und durch, wirft dich aus dem Geleise, macht dich krank, zerreißt dich.

Wie willst du dieser Pein entrinnen, wenn du noch dazu neben dem Minister, neben einer schönen Frau oder dem Dogen sitzt und dich nicht einfach fortstehlen kannst? Ich schließe die Augen und fange an, mir Erlebnisse aus der Vergangenheit, angenehme Begegnungen, genüßliche Abenteuer ins Gedächtnis zurückzurufen, ich rechne aus, wie oft in einem Jahr ich eine bestimmte Sache mache oder stelle mir vor, wie ich fleißig die Briefe beantworte, die ich noch in der Tasche habe, kurz, ich versuche mit allen Mitteln, mich von der Vorführung abzulenken, die unaufhaltsam vonstatten geht und kein Ende nehmen will.

Hin und wieder mache ich ein Auge halb auf und schaue auf meinen Film, der mir auch ein wenig leid tut, wie er da seinem Schicksal preisgegeben ist, vor Tausenden von Augen, die ihn wer weiß wie sehen. Auch in meinen Augen ist ein Film nicht immer gleich. Es kommt ganz auf die Stadt an, wo du ihn siehst, auf das Kino und die Leute, mit denen du zusammen bist. Filme sind veränderlich, wandelbar, launisch, je nach dem Ort, der Zeit und den Umständen, in denen sie vor dir erscheinen. Sie spiegeln die Stimmung im Saal wider. Die Zuschauer langweilen sich? Sofort wird der Film noch langweiliger. Das Publikum versteht den Film nicht? Schon ist er noch unentzifferbarer. Deshalb will ich meine Filme nie wieder sehen – oder allenfalls, wenn ich einmal steinalt bin und sie völlig vergessen habe. Dann können sie mir vielleicht zum ersten Mal so erscheinen, wie sie wirklich sind.

Damit wären wir wieder beim Alter. Wollen wir dieses Interview mit dem gleichen Thema abschließen, mit dem wir begonnen haben? Fellini mit achtzig, Fellini mit neunzig – welche Vorstellungen machst du dir von ihm, welche Pläne hast du?

Das Gedächtnis macht mir zu schaffen. Ich kann mich nur mit Mühe an die Namen von Leuten erinnern, und manchmal wollen mir auch bestimmte Wörter einfach nicht einfallen. Vor vielen Jahren dachte ich, wenn ich einmal alt wäre, würde ich all die Bücher lesen, die getreulich auf mich gewartet haben; ich dachte, ich würde in Museen stöbern, die ich nie besichtigt habe, ich würde nach Indien, Tibet fahren. In Benares habe ich einen Freund, wir schreiben uns häufig, und einmal hat er mir berichtet, es sei ihm mit Hilfe seiner Vorstellungskraft gelungen, in seinem Garten meinen Doppelgänger zu materialisieren. Dieses Wunder nimmt mir die Lust, ihn zu besuchen.

Ein Trost ist mir der Gedanke an die großen Alten, von denen Simone de Beauvoir in ihrem schönen Buch spricht. Die Seiten, die Tolstoi, Verdi, Victor Hugo gewidmet sind, habe ich wieder und wieder gelesen. Ich hoffte, dort Hinweise auf gewisse Analogien zu finden – aber vergebens.

Irgendwo habe ich gelesen, daß D'Annunzio, als er schon recht betagt war, eines Abends zur Aufführung einer seiner Tragödien geführt wurde. Das Stück wurde ihm zu Ehren gegeben, und alles, was Rang und Namen hatte, die Creme der Gesellschaft, war zugegen. D'Annunzio saß in der ersten Reihe, lachte und lachte, fiel den Schauspielern ins Wort, pöbelte sie an, wollte wissen, wer denn nur der Verfasser dieses üblen Machwerks sei, und ließ auch sonst noch allerhand vom Stapel. Je länger und konsternierter die Gesichter um ihn herum wurden, desto heftiger schüttelte sich der außer Rand und Band geratene Dichter vor Lachen.

Letzte Frage: Was bleibt dir in einem nächsten Film noch zu sagen?

Ich weiß nicht. Nach so viel Trauergeläut, so viel Lust an Verfall und Zusammenbruch würde ich gerne die Leute, Frauen zumeist, zufriedenstellen, die mich nach jedem meiner Filme mit leicht enttäuschter Miene und in hoffnungsvoll-ermunterndem Ton immer wieder gefragt haben: »Warum machen Sie denn nicht mal eine schöne Liebesgeschichte?«

Federico Fellini im Diogenes Verlag

Werkausgabe der Drehbücher und Schriften. Herausgegeben von Christian Strich
Die Drehbuchbände enthalten zusätzlich das Treatment, Äußerungen Fellinis zum Film und zahlreiche Szenenfotos

Roma
Aus dem Italienischen von Toni Kienlechner. Mit 50 Fotos. detebe 20062

La Dolce Vita
Deutsch von Bettina und Toni Kienlechner und Eva Rechel-Mertens. Mit 57 Fotos detebe 20121

8½
Deutsch von Toni Kienlechner und Eva Rechel-Mertens. Mit 52 Fotos. detebe 20122

Julia und die Geister
Deutsch von Toni und Bettina Kienlechner und Margaret Carroux. Mit 66 Fotos detebe 20123

Amarcord
Deutsch von Georg-Ferdinand von Hirschau, Eva Rechel-Mertens und Thomas Bodmer. Mit 62 Fotos. detebe 20124

Aufsätze und Notizen
Herausgegeben von Anna Keel und Christian Strich. Mit einer kompletten Fellini-Filmographie. detebe 20125

Casanova
Deutsch von Inez De Florio-Hansen und Dieter Schwarz. Mit 54 Fotos. detebe 20287

La Strada
Mit einem eigens für diese deutsche Erstausgabe geschriebenen Vorwort von Fellini. Deutsch von Georg-Ferdinand v. Hirschau, Thomas Bodmer und Dieter Schwarz. Mit 55 Fotos. detebe 20316

Die Nächte der Cabiria
Mit einem eigens für diese deutsche Ausgabe geschriebenen Vorwort von Fellini. Deutsch von Olga Gloor und Dieter Schwarz. Mit 53 Fotos. detebe 20317

I Vitelloni
Deutsch von Georg-Ferdinand von Hirschau, Thomas Bodmer und Dieter Schwarz. Mit 56 Fotos. detebe 20318

Orchesterprobe
Deutsch von Trude Fein. Mit 50 Fotos detebe 20319

Die Stadt der Frauen
Deutsch von Beatrice Schlag u.a. detebe 20768

E la nave va
Deutsch von Renate Heimbucher-Bengs detebe 21096

Satyricon
Deutsch von Dieter Schwarz u.a. detebe 20767

In Vorbereitung
Lichter des Varietés – Der Weiße Scheich – Eine Agentur für Heiratsvermittlung – Il Bidone – Die Versuchungen des Dottor Antonio – Toby Dammit – Die Clowns

Außerdem liegen vor:

Casanova
Federico Fellinis verhaßter und verherrlichter Frauenheld. Mit einem Essay von Stefan Zweig, Zitaten aus Casanovas Memoiren, Texten von D. H. Lawrence bis Federico Fellini, Interviews mit modernen Casanovas und Wissenschaftlern sowie zahlreichen Fotos Leinen

Fellini's Zeichnungen
Einhundertachtzig Entwürfe für Figuren, Dekorationen und Kostüme; Telefonzeichnungen und Graffiti. Mit einem Vorwort von Roland Topor. Leinen

Fellini's Filme
Über 450 Bilder aus seinen fünfzehneinhalb Filmen. Mit kompletter Filmographie und Inhaltsbeschreibungen. Vorwort von Georges Simenon. Herausgegeben von Christian Strich. Leinen

Fellini's Faces
Foto-Album. Herausgegeben von Christian Strich. Mit einem Vorwort von R. D. Laing und einer Einleitung von Federico Fellini. Broschur

Denken mit Fellini
Federico Fellini im Gespräch mit Journalisten. Diogenes Evergreens

»Warum machen Sie nicht mal eine schöne Liebesgeschichte?«
Ein Gespräch mit Giovanni Grazzini
detebe 21227

Liliana Betti
Federico Fellini
Ein Porträt. Deutsch von Inez De Florio-Hansen. detebe 20769

Literatur für Filmfreunde im Diogenes Verlag

● Woody Allen

Manhattan. Vollständiges Drehbuch mit 20 Szenenfotos. Aus dem Amerikanischen von Hellmuth Karasek und Armgard Seegers detebe 20821

Der Stadtneurotiker. Vollständiges Drehbuch mit 19 Szenenfotos. Deutsch von Eckhard Henscheid und Sieglinde Rahm detebe 20822

Interiors. Vollständiges Drehbuch mit 16 Szenenfotos. Deutsch von Hellmuth Karasek und Armgard Seegers. detebe 20823

Stardust Memories. Vollständiges Drehbuch mit 32 Szenenfotos. Deutsch von Hellmuth Karasek und Armgard Seegers. detebe 20824

Zelig. Vollständiges Drehbuch mit 16 Szenenfotos. Deutsch von Armgard Seegers. detebe 21114

● Über Chaplin

Aufsätze und Reportagen von Sergej Eisenstein bis Theodor W. Adorno. Herausgegeben von Wilfried Wiegand. detebe 20517

● Chaval's Fotoschule

Ein unkonventioneller Leitfaden für Foto- und Filmfreunde. Bibliothek für Lebenskünstler

● René Clair

Die Prinzessin von China. Roman. Aus dem Französischen von N. O. Scarpi. detebe 20579

● Friedrich Dürrenmatt

Die Ehe des Herrn Mississippi. Komödie und Drehbuch. Fassung 1980. detebe 20833

● Federico Fellini

Werkausgabe der Drehbücher und Schriften. Herausgegeben von Christian Strich. Die Drehbuchbände enthalten zusätzlich das Treatment, Äusserungen Fellinis zum Film und zahlreiche Szenenfotos

Roma. Aus dem Italienischen von Toni Kienlechner. Mit 50 Fotos. detebe 20062

La dolce vita. Deutsch von Bettina und Toni Kienlechner und Eva Rechel-Mertens. Mit 57 Fotos. detebe 20121

8¹/₂. Deutsch von Toni Kienlechner und Eva Rechel-Mertens. Mit 52 Fotos. detebe 20122

Julia und die Geister. Deutsch von Toni und Bettina Kienlechner und Margaret Carroux Mit 66 Fotos. detebe 20123

Amarcord. Deutsch von Georg-Ferdinand von Hirschau, Eva Rechel-Mertens und Thomas Bodmer. Mit 62 Fotos. detebe 20124

Casanova. Deutsch von Inez De Florio-Hansen und Dieter Schwarz. Mit 54 Fotos detebe 20287

La Strada. Mit einem eigens für diese deutsche Erstausgabe geschriebenen Vorwort von Fellini. Deutsch von Georg-Ferdinand von Hirschau, Thomas Bodmer und Dieter Schwarz. Mit 55 Fotos. detebe 20316

Die Nächte der Cabiria. Mit einem eigens für diese deutsche Erstausgabe geschriebenen Vorwort von Fellini Deutsch von Olga Gloor und Dieter Schwarz. Mit 53 Fotos detebe 20317

I Vitelloni. Deutsch von Georg-Ferdinand von Hirschau, Thomas Bodmer und Dieter Schwarz. Mit 56 Fotos. detebe 20318

Orchesterprobe. Deutsch von Trude Fein Mit 50 Fotos. detebe 20319

Die Stadt der Frauen. Deutsch von Beatrice Schlag. detebe 20768

E la nave va. Deutsch von Renate Heimbucher-Bengs. detebe 21096

Satyricon. Deutsch von Dieter Schwarz detebe 20767

Außerdem liegen vor:

Casanova. Federico Fellinis verhaßter und verherrlichter Frauenheld. Mit einem Essay von Stefan Zweig, Zitaten aus Casanovas Memoiren, Texten von D. H. Lawrence bis Federico Fellini, Interviews mit modernen Casanovas und Wissenschaftlern sowie zahlreichen Fotos. Leinen

Fellini's Zeichnungen. Einhundertachtzig Entwürfe für Figuren, Dekorationen und Kostüme; Telefonzeichnungen und Graffiti. Mit einem Vorwort von Roland Topor Leinen

Fellini's Filme. Über 450 Bilder aus seinen fünfzehneinhalb Filmen. Mit kompletter Filmographie und Inhaltsbeschreibungen. Vorwort von Georges Simenon. Herausgegeben von Christian Strich. Leinen

Fellini's Faces. Foto-Album. Herausgegeben von Christian Strich. Mit einem Vorwort von R. D. Laing und einer Einleitung von Federico Fellini. Broschur

● F. Scott Fitzgerald
Pat Hobby's Hollywood-Stories. Übersetzt und mit Anmerkungen von Harry Rowohlt detebe 20510

● Paul Flora
Vivat Vamp! Ein Fotobuch zum Lob des Vamps von Mae West bis Marilyn Monroe. Mit gezeichneten Kommentaren von Paul Flora und einer Einleitung von Gregor von Rezzori. detebe 20120

● Otto Jägersberg
Land. Lehrstück über die Lage der Bauern detebe 20551
Seniorenschweiz. Das Geschäft mit den Alten detebe 20553
Der industrialisierte Romantiker. Dialoge über Harmonie und Ökonomie detebe 20554

● Loriot
Dramatische Werke. Texte und Bilder aus sämtlichen Fernsehsendungen. Leinen

● Rolf Lyssy & Emil Steinberger
Kassettenliebe. Drehbuch mit Fotos detebe 20519

● Frank MacShane
Raymond Chandler. Sein Leben und Werk Biographie. Aus dem Amerikanischen von Wulf Teichmann. detebe 20960

● Jean Renoir
La règle du jeu (›Die Spielregel‹). Drehbuch mit 58 Fotos. Aus dem Französischen von Angela von Hagen. detebe 20434
La grande illusion (›Die große Illusion‹) Drehbuch mit 58 Fotos. Deutsch von Angela von Hagen. detebe 20435

● Hans Jürgen Syberberg
Der Wald steht schwarz und schweiget. Neue Notizen aus Deutschland. Broschur

● Nathanael West
Tag der Heuschrecke. Ein klassischer Hollywood-Roman. Aus dem Amerikanischen von Fritz Güttinger. detebe 20059

● Cesare Zavattini
Liebenswerte Geister. Kleine Reise ins Jenseits. Erzählung. Aus dem Italienischen von Lisa Rüdiger. Mit einer Vorrede von Vittorio de Sica und Illustrationen von Corina Steinrisser. detebe 21058

● Reiner Zimnik
Sebastian Gsangl. Die Erlebnisse und Meinungen eines gutmütig-grantligen Bayern mit Bürger-Mut. detebe 20694
Geschichten vom Lektro. detebe 20671
Neue Geschichten vom Lektro. detebe 20672

● Edward Gorey
The Dwindling Party
Die wahnsinnigen Werke des Edward Gorey in 33 Bänden

● Maurice Sendak
Als Papa fort war
Higgelti Piggelti Pop!
In der Nachtküche
Märchen der Brüder Grimm

● Reiner Zimnik
Die Maschine
Winterzeichnungen

● Tomi Ungerer
Slow Agony
America
Babylon
Fornicon
Heute hier, morgen fort
The Party
politrics
The Poster Art of Tomi Ungerer
Rigor Mortis
Symptomatics
Totempole
Tomi Ungerer's Frauen
Das große Liederbuch

● Fernando Botero
Gemälde, Aquarelle, Pastelle

● Sempé
So ein Zufall
Bonjour Bonsoir
Kleine Abweichung
Von den Höhen und Tiefen
Monsieur Lambert
St-Tropez
Sempés Musiker

● David Hockney
Bilder und Zeichnungen

● Roland Topor
Therapien
Tagträume
Tragödien
Toxicologie
Le Grand Macabre

● Anna Keel
Bilder und Zeichnungen
Porträtzeichnungen
Zeichnungen 1979–1982